貧困問題最前線

いま、私たちに何ができるか

大阪弁護士会　編

明石書店

はじめに

弁護士は基本的人権の擁護と社会正義の実現を使命としています。

格差と貧困は基本的人権にかかわる問題であり、これを放置することは社会正義に反するという認識のもと、大阪弁護士会では、貧困問題の解決と生活再建に向けて取り組んできました。

２００９年８月からは、毎月のように「貧困問題連続市民講座」を開催しました。制度ごと、テーマごと、国ごとにと、あらゆる切り口から第一線の講師陣に講義をしていただきました。２０１２年3月までの2年半にわたり29回開催された連続講座には延べ３０００人もの方々のご参加を得て好評を博しました（この講座の内容をまとめたものは、明石書店から「貧困問題がわかる」シリーズ全３巻として発刊されていますので、本書と併せてお読みいただければ幸いです）。

大阪弁護士会では、こうした講座の開催と並行し、２０１０年9月には「貧困・生活再建問題対策本部」を設置してさまざまな取り組みを進めて参りました。しかし、残念ながら、この国の格差と貧困はいっこうに解決する気配がありません。それどころか、この間、生活保護をはじめとする社会保障給付は、「給付の重点化」や「制度運営の効率化」の名のもと（社会保障制度改革推進法2条2号）、削減が続けられています。

そこで、私たちは、２０１７年8月から改めて「貧困問題連続市民講座リターンズ」を開催することとしました。今回は、全6回でしたが、まずは、高齢者を含む貧困問題全般、奨学金問題、住宅問題、子どもの貧困といったテーマごとに貧困の現状を学び、それをふまえて、自治体による困窮者支援、国の財政のあり方といった解決の方策についても学びました。本書は、その講演録を読みやすくまとめたものです。御多忙中にもかかわらず、講演と書籍化のための校正作業にご協力いただいた、各分野の第一線の講師の方々に、改めて感謝申し上げます。ありがとうございました。

格差と貧困の解決は、国のあり方そのものにかかわる大きな問題です。一朝一夕に解決するものではないかもしれませんが、私たちは、引き続き、行政機関や市民の方々との連携を深めながら、ねばり強く取り組みを進めて参ります。本書が多くの市民の方々に読まれ、貧困問題を解決するための一助となれば、これ以上の喜びはありません。

2018年11月

大阪弁護士会　会長　竹岡　富美男

目次　貧困問題最前線――いま、私たちに何ができるか

はじめに　2

第1章　こんな社会に誰がした？
――一億総「最底辺」社会――藤田孝典　7

年間相談件数は500件／8　子どもの貧困／12　最低賃金の引き上げが急務／17　若者の貧困／23　高齢者の貧困／27　ぼろぼろの社会をどう立て直すか／33

第2章　もう奨学金なんて借りたくない！
――「奨学金」という名のローン地獄――岩重佳治　39

大学生は1日780円で生活している／40　学費が高すぎる／46　取り立ての実態／54　返済制度の落とし穴／59　制度を変えるしかない／65　救済のための手段／70　耐える「強さ」を、変える力に／76

コラム　大学生の奨学金・アルバイトについての実態報告／78

第3章　住むことだって、大変だ
――住まいの貧困（ハウジングプア）を考える――稲葉剛　83
住居を失うことがきっかけでおきた事件／84　「住居を失う」ことで失うもの／88　住居喪失の深刻化／91　「追い出し屋」の横行／94　ワーキングプアであるがゆえにハウジングプアになる／96　「若者の住宅問題」調査／98　高齢者の住まいの貧困／100　住まいのない人が生活保護を申請すると／101　高齢者・障害者への入居差別／105　居住福祉政策の一元化と民間の取り組み／106　住宅政策をどうすべきか／107

第4章　「子どもの貧困」を考える
――貧困の連鎖の現状と課題――中塚久美子　113
取材のきっかけ／114　数字から見る相対的貧困／115　教育格差とは／118　虐待と貧困／122　貧困は連鎖するか／123　税制からみる／127　子どもたちの状況／130　様々な支援／135　外国での支援事例／143　最後に／146

第5章　生活に困った市民に行政はなにができるのか
――基礎自治体だからこそ取り組めること――生水裕美　149
「相談」はおもしろい／150　ドウタクくんの生活支援／156
ドウタクくんの生活再建プラン／163　家計簿をつけることから／171　野洲市の子ども支援／175
コラム　生活困窮者自立支援に関する大阪弁護士会の取り組み／178

第6章　格差と貧困に財政はなにができるのか
――諸外国の取り組みに学ぶ――諸富徹　181
現在の日本の財政は／182　なぜ、税収が不十分なのか／189
グローバル化と税制／204　グローバル・タックスとはなにか／210　「社会的投資国家」とは？／214

あとがき　224

第1章　こんな社会に誰がした？

――一億総「最底辺」社会

藤田孝典（聖学院大学客員准教授・ＮＰＯ法人ほっとプラス代表理事）

藤田孝典（ふじた・たかのり）　首都圏で生活困窮者支援を行うソーシャルワーカー。反貧困ネットワーク埼玉代表。ブラック企業対策プロジェクト共同代表。厚生労働省社会保障審議会特別部会委員（２０１３年度）。著書に『貧困クライシス』（毎日新聞出版、２０１７）『続・下流老人』『下流老人』（朝日新聞出版、２０１６・１５）『貧困世代』（講談社、２０１６）など多数。

年間相談件数は５００件

今日は、私から貧困問題の総論という形でお話をさせていただいて、この貧困講座の第１回目の口火を切りたいと思っております。

私は埼玉県さいたま市でＮＰＯ法人「ほっとプラス」という団体を立ち上げて、生活に困窮されている方の相談を年間５００件ほど受けて、そこから見えてきたものを社会に発信したり、制度政策につなげたり、今日のように市民の皆さんと現状を共有したり、意見交換をしたりということをずっと続けています。「下流老人」という言葉を使って貧困問題を伝えていったり、貧困問題はみんなの問題だ、という議論をスタートしようと活動しています。

２００４年からホームレス状態にある方の支援活動を行っています。２０１０年ぐらいまでは、ホームレスになるとか貧困に至るのは自己責任で個人の問題だ、あるいは怠けている人ではないかといわれてきました。

私たちも福祉事務所や病院につきそったり、いろいろな支援に結びつけて支援活動を続けてきました。２０００年代当初はホームレスの方には生活保護を適用させないという運用がまかり通っていたり、普通の暮らしを営むことができない人たちに支援の手を差し伸べることが難しい社会情勢でした。

今は弁護士さん等さまざまな方のご尽力もあって、貧困に至る、あるいは生活に困ることすべてが本人の責任とはいいがたい部分があるところから、社会的にできることは何かないのだろうかと、徐々に社会保障の適用が始まり、生活保護の適用対象になっていきました。もともとホームレスについては生活保護の適用対象ではあるのですが、運用面でも改善が始まっています。

日本はすべての国民に生存権が保障されていますが、健康で文化的な最低限度の生活が営めない方がごろごろいます。私は就職氷河期世代です。私以外にも、40代以下の人で就職に不安を抱えなかった方を探すほうが難しいと思います。

将来に不安を抱えているときにホームレス問題とか非正規雇用の問題とか日雇いの問題――リーマンショックのころは派遣切り問題――に出会って、自分ごととして取り組んでいます。

すべての人が苦しまずに人間らしく普通に暮らせる社会にしていくためにも、まずは全体像を見てみます。

最初に相対的貧困率――これはいわゆる「普通の暮らし」をしている人たちを中央値に置いて、可処分所得がその半分以下しかないということ――を捉えて、政府ではその数や割合を調べています。

日本は相対的貧困率を「普通の暮らし」をしている方の半分以下（50％）を貧困ラインとして設定しています。しかし、ほかの国だと60％に設定していたり、各国でその設定方法には相違があります。要するに、あくまで目安です。日本の指標ではかると相対的貧困率は15・7％です。

50％で設定している貧困ラインで計測しても、先進諸国で6番目に高い数字です。景気、雇用も若干改善しているので、以前よりは少し下がったとはいえ、相変わらず高い状況です。

住民税、所得税等を引いた後、手元に残るお金が1人世帯で122万円、2人世帯で170万円、

３人世帯で２１１万円、４人世帯で２４５万円、これぐらいだと貧困であり、人間らしい健康で文化的な生活が難しくなるといわれる指標です。

たとえば、夏場暑いなかでエアコンがつけられない、夏休みなのに子どもが海に遊びに行けない、旅行に行けない、勉強が遅れている子は塾に通わせてもらえない等、必要なものが欠けるという指標になります。

今回は、所得がこれぐらいの状況にある方がどれぐらいいるのか、その方たちがどんな生活をしているのかということで、その要因にも迫っていければと思います。この所得を下回る方たちが相当増えているのが特徴です。

高齢者についても、私が「下流老人」という言葉で貧困が深刻な問題だといい続けています。１億総中流社会ではなくなっているということを多くの方たちに知ってもらいたいです。「下流」という過激な言葉をうまく使いながら、世の中に貧困問題があるんだと伝えています。

このグラフ（１、２）は年齢別の貧困率です。男性、女性とも、稼働年齢層、働いている年齢層で貧困率が上がってい

グラフ１　男性の年齢別貧困率

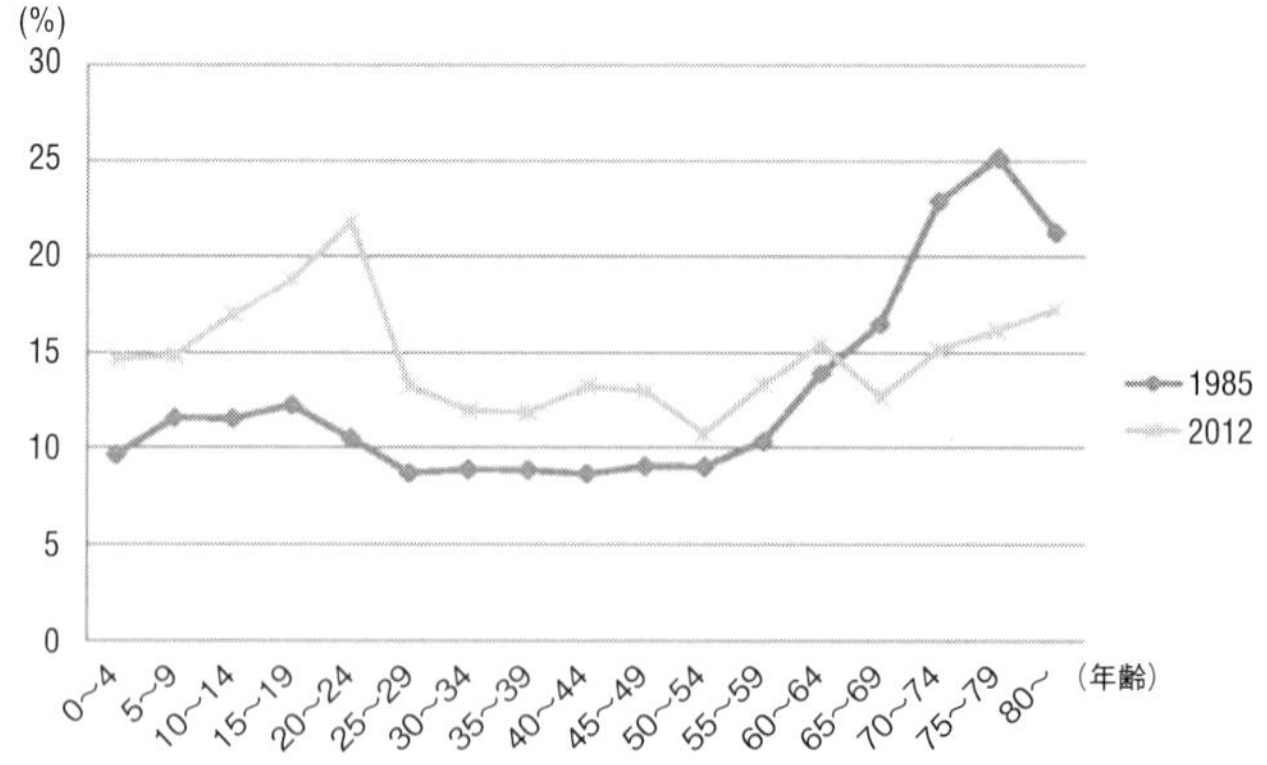

るのがわかると思います。１９７０年代～80年代――１９８５年は1億総中流といわれた時代で、貧困率もかなり少なく、あるいは格差をあらわすジニ係数（０に近いほど格差が小さく、1に近いほど大きい）という数字もかなり低い状況でした。

文字どおり、隣の人も向かいの人もみんな同じような所得で暮らしてきたといえるかもしれません。ところが、今周りを見渡してみると貧困や格差がさらに広がっていて、20代前半や働いている年代でも貧困率が上がっています。高齢者は、厚生年金等を受給されている方が増えてきています。それでも貧困率自体は高止まりです。だから高齢化にともなって、も貧困に苦しむ方の実数は増えています。全体として80年代と比べても、働いていても貧困が改善していないとおわかりいただけると思います。

それから、単身世帯の貧困の増加というのが日本の大きな特徴で、私たちのＮＰＯにも年間５００件の相談があります。その大多数が実は単身、ひとり暮らしです。１人分の年金とか1人分の就労収入で生活している方は、そこからいろいろな生活費を捻出することが非常に難しいです。

グラフ２　女性の年齢別貧困率

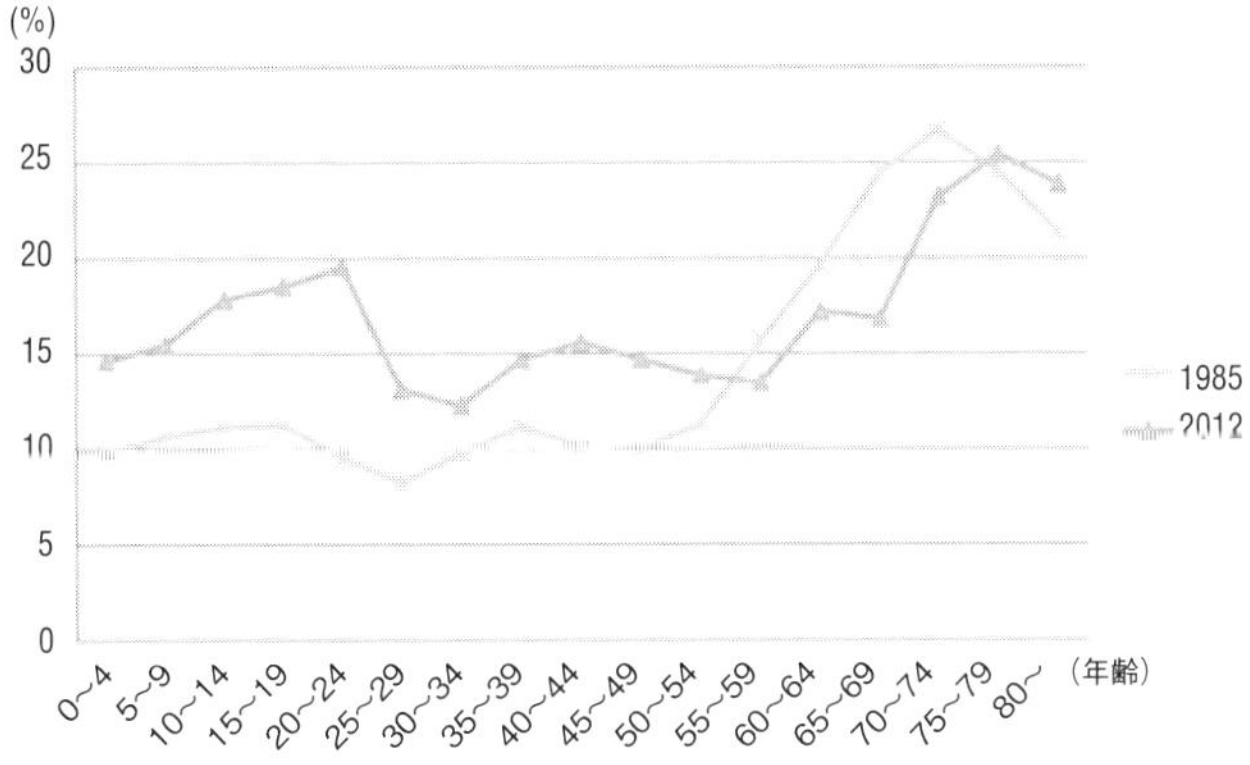

たとえば単身で暮らす20歳から64歳の女性だと、３人に１人、30％を超える方たちが貧困状態です。年間所得が１２２万円に満たない方が実に３分の１いるわけです。女性の貧困が際立っていて、男性と女性を比較するとやはり女性がかなり貧困に苦しむ割合が高いことも周知の事実です。１人で働いて子どもを育てている世帯とか、労働収入を得る方が１人しかいないという状況が日本の貧困の特徴といえます。

子どもの貧困

ここから一つずつ見ていきたいと思います。まず、子どもの貧困です。

子どもの相対的貧困率は13・９％です。13・９％というのはＯＥＣＤ先進諸国だとまだかなり高い水準にあって、２０１２年の指標だと16・３％という数字でした。

近年、最低賃金が多少上がってきているので、母子家庭のお母さんの就労収入が改善するなど、さまざまな要因があります。だから最悪期よりも数値は下がっていますが、引き続き注意深くこの数字を見ていかなければいけません。

ただ、それでも実数として約２５０万人の子どもたちが現時点で貧困状態にあります。たとえば部活動をしたいけれども、そのお金が捻出できないとか、夏休みは旅行に行けないとか、さまざまなことに対する機会が得られないというなかで暮らしています。

私たちのＮＰＯにも父子家庭、母子家庭のお父さん、お母さんが相談に来られます。私たちの事務所には食料を備蓄していますので、食料だけを取りに来る方とか、生活保護の申請をするお母さんにおつきあいするとか、借金の整理をお母さんと一緒にするとか、いろいろなお父さん、お母さんと生活再建を目指して取り組んでいます。

グラフ3　世界各国の母子家庭の貧困率（OECD）

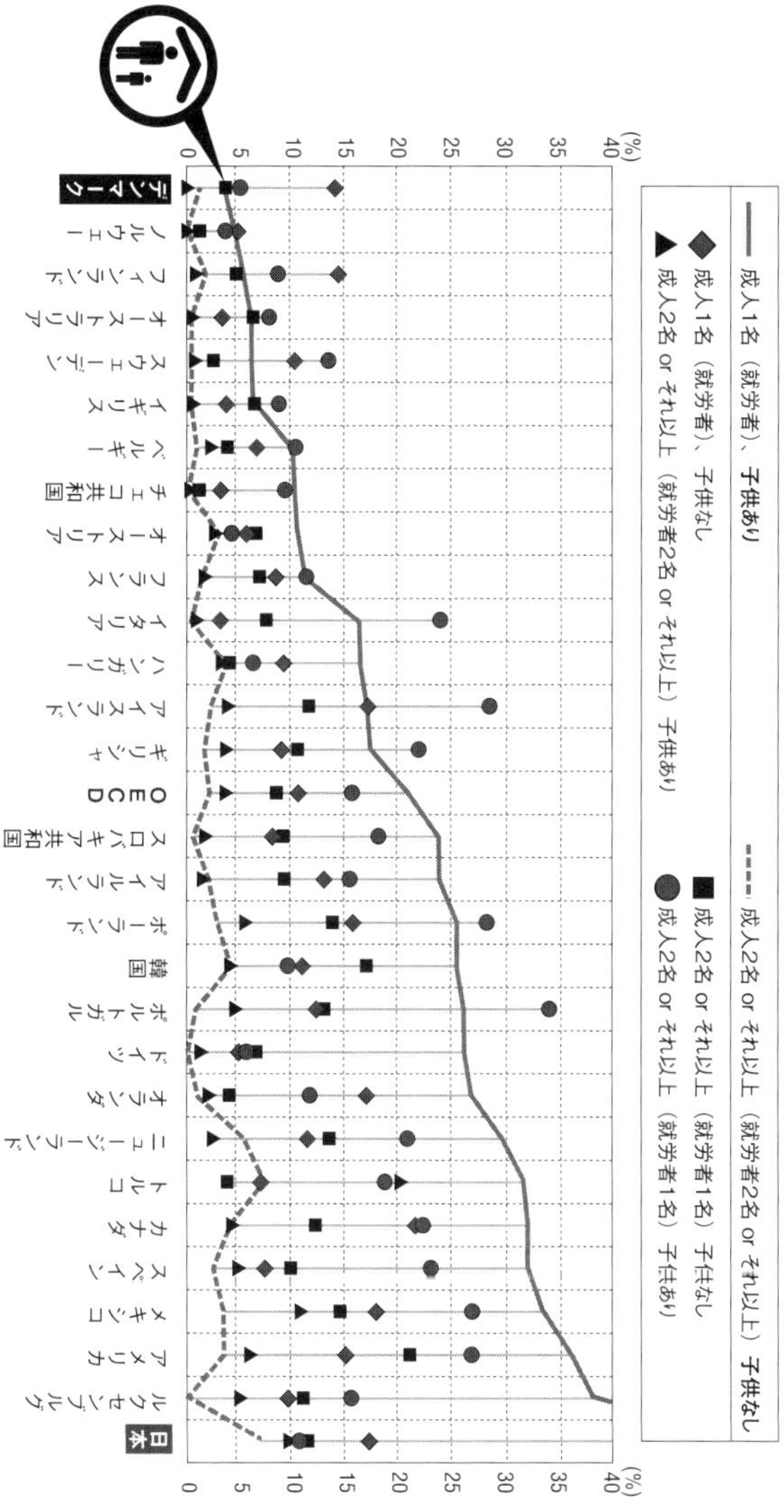

先ほど日本は女性に貧困が集中すると指摘しましたが、さらにいうと母子家庭のお母さんのところに貧困が集中するという特徴があります。最新の統計でも、母子家庭に限らないひとり親世帯で見ても50・8%の相対的貧困率です。

要するに、1人で子どもを育てることが極めて難しい国だということです。私たちのもとに相談に来るひとり親世帯の方はほとんどが母子家庭のお母さんで、働いても収入がなかなか安定しない、収入が低いというなかで貧困が改善しないのです。母子家庭のお母さんに限ると、生活が苦しいと答えている方が9割近いです。これは、本人が無駄遣いをしているとか浪費をしているわけではなくて、いかに懸命に家計を維持管理しようとしても、収入自体が少ないためです。

では、ほかの国と比べてどうでしょうか。子どもの貧困というのは働く親の貧困とほとんどイコールです。ここに何かしら政策が足りないから貧困に至っているということがおわかりいただけると思います。母子家庭のお母さんとその子どもたちの貧困率は、OECD調査で、表に入り切らないぐらい、日本は振り切っています。さまざまな社会政策が弱いことがグラフ3から見て取れます。

このグラフは、左側に行くほど高福祉・高負担の国といわれています。みんなが安心して生活しやすい社会にしているという国ですから、ある程度税金は高いですが、税金を払っても返ってくるお金も多いのです。

何かあったときに心配なく生活ができる国だといって差し支えないかと思います。賃金と社会保障が非常に安定している国、ちゃんと整備されている国、普通に働いたら貧困から抜け出せる、あるいは働いていなかったとしても、社会保障がそれを補ってくれるという国が左側です。

右に行けば行くほど、働かないと貧困から抜け出せない、あるいは働いたとしても貧困から抜け出せない国で、要は自己責任の国が右側だといっていいのではないでしょうか。どういう国を目指すのかによって貧困とか、そこで生活する子どもたちの状況が変わってきます。日本は賃金も社会保障も非常に不安定で、そこに貧困が集中するという特徴が見られるということです。

もう一つの日本の特徴ですが、母子家庭に限らないですが、ワーキングプア、つまり働いているのに貧困という人たちが非常に多いことです。昔は「怠けている人が貧困になるんじゃないの」といわれていました。

たしかに1億総中流社会はそういった側面もあって、働いていないと収入もないので貧困に至る方たちも当然いらっしゃいました。しかし、いまは働いていても貧困ということが特徴です。母子家庭のお母さんはほとんど働いていて、働いていないお母さんでも何かしら事情があって、精神疾患、DVの被害を受けていたり、さまざまな要因があります。

日本はほかの国と比べても働いている母子家庭が多い国でありながら貧困から抜け出せない状況があります。労働市場に問題がある、と見ていかないと貧困を解明できません。母子家庭のお母さんの就労形態とか賃金、福利厚生、働き方、いろいろなところを見ていかないと貧困問題は見えてきません。日本の場合、頑張って働いていないと貧困に至るけれども、頑張れば貧困から抜け出せるわけでもないのです。

私たちのNPOに相談に来る方もほとんど働いています。収入があるけれども、その収入だけだと暮らしが成り立たないという貧困が席巻しています。母子家庭のお母さんだけを見てみると、パート・

アルバイト収入で家計を維持している方が大体半分ぐらいで、父子家庭のお父さんは正社員、フルタイムで働いている方が非常に多いです。

パート・アルバイトの家計補助的な役割が女性に押しつけられていることがおわかりいただけると思います。男性は家計自立型の就労収入で、女性は家計補助型といわれています。家計補助型というのは、以前だったら結婚した男性の収入が少ない場合などにそれを補う形で女性が働いていましたが、その家計補助型のところに母子家庭の貧困が集中するという特徴があります。

日本の女性の場合には、大卒、高卒関係なく、退職して結婚、出産、育児を経験して、もう一度労働市場に戻ってくると、パート・アルバイトという働き方しか残っていなくて、このあたりに貧困が集中しているのです。改善策を考えるなら、雇用の質や中身に踏み込まないと貧困はなくなりません。本人の個人的な要因だけではなかなか説明がつかないのです。

貧困率が減少しているとか、景気がよくなっている、と政府やメディアでいわれていますが、あまり実感はないかと思います。これは、働いている人たちの収入や賃金がなかなか上がってこない一方で、企業の内部留保などでお金がたまっているからです。株主や資本にお金を回していて、労働者、市民にお金が回らないところがあって、貧困率も大きな改善は見られていません。

ただ、そうはいっても、低賃金であっても働く場所は増えていますし、完全失業率は2・8ポイントくらいです。働くところさえ選ばなければどこでもあるという状況は否定しようがないと思います。

くり返しますが、問題は働いていても貧困という特徴が日本は強いです。非正規雇用が非常に広がっていますし、さらに広げていくことで本当にいいのでしょうか。結論からいえば、貧困から抜け出せる雇用の質、ちゃんと働いたらちゃんと賃金をもらえるという働き方がどれぐらいあるのかということを見ていかないといけないです。

大阪の最低賃金がどれぐらいかおわかりですか。最低賃金の引き上げについても注目してほしいです。首都圏でも最低賃金引き上げ運動に市民や労働組合と一緒に取り組んでいます。引き続きその取り組みが決定的に重要だろうと思っています。

失業率の推移を見ると、日本の完全失業率は非常に低いように見られています。経済的にもリーマンショックから抜け出して回復基調です。アベノミクスとか経済対策が成功したというわけでなく、世界経済全体が回復基調です。

だから完全雇用が実現された社会で私たちは生きていると捉えるわけです。しかし、完全雇用でみんなが安心して働いて賃金が得られている社会であれば、貧困はそんなに多くないはずです。不本意非正規などのいわゆる「半失業状態」も相変わらず多い。

要するに、貧困問題は雇用問題を抜きには語れない時代に入っています。雇用の内容・質について、いわゆるブラック企業の低賃金・長時間労働も広がっています。働きやすい環境がないと貧困自体がなくなっていかないと思います。

最低賃金の引き上げが急務

次に、最低賃金がどのぐらいの水準かということです。日本の場合には最低賃金が低過ぎて、最低賃金の設定でフルタイム働いたとしても家計が維持できないわけです。

なぜ最低賃金が重要かといえば、私たちのもとに相談に来る方は、最低賃金周辺で働いている方が非常に多いからです。若者、母子家庭のお母さんもそうですし、ワーキングプア――働いているのに生活が苦しいとか、あるいは働いている収入だけでは食っていけないので生活保護申請はできませんか、という相談が相次いでいます。

最低賃金の引き上げによって、普通に働いたら普通に暮らせるという状況があれば、貧困がこんなに広がっていないのです。

最低賃金の金額を数年前と比較しても、1000円を超えているところが先進諸国では一般的です。日本政府も何とか1000円を目標に段階的に最低賃金を引き上げようと取り組んでいますが、非常に遅く、ほかの国と比較しようがないくらい低い水準です。

過去には国連からさまざまな勧告を受けていますが、社会権とか生存権を脅かすほどの最低賃金です。医療費、住宅費などさまざまなものを捻出して換算すると、最低賃金が生活保護基準を上回っているとはいえませんので、最低賃金をほかの先進諸国並みには引き上げていくことが重要ではないかと思います。

今日は労働組合の方はいらっしゃいますか。いらっしゃるといいにくいのですが、労働組合は機能していますか。諦めずに労働組合に加盟していただいて、ぜひ労働運動を活性化させていただきたいと思っています。

最低賃金の引き上げとか賃金の引き上げとか、労働環境の改善というのは労働組合が強くないと絶対にできません。今、労働組合の組織率が相当低下しています。労働組合の組織率低下と最低賃金や労働分配率の比較を見ると、かなり相関関係があるといわれています。働いている人たちがちゃんと声を上げていかないと貧困も低賃金の問題も改善していきません。

母子家庭のお母さんは、特に子どもを抱えながら苦しい状況があるということはおわかりいただけると思いますし、就労収入も相当少ないということが課題です。

賃金と社会保障が改善すれば貧困は劇的になくなります。ほかの国が「同一労働同一賃金」や「男女の賃金格差解消」、「大学教育費までの無償化」、「住宅政策」などをして貧困が減ったように、賃金も安定しない、社会保障も機能していない状況をいかに改善していくのかが私たちにとって重要な視点ではないかと思います。

賃金が少ない状況がこの後も改善しないならば、少なくとも社会保障で賃金の低さを補わないと貧困は温存されます。でも、残念ながら、日本の社会保障、再分配政策は機能していないといっていいです。特に働く世代には何も支給されていないといってもいいです。

たとえば生活保護も同様です。毎年調査しても、生活保護受給要件を満たしているお母さん方を調べたなかで、生活保護を受けられている方は本当にごくわずかです。生活保護を受けられる所得レベルでも、100人いたら13人か14人しか生活保護を受けていない。生活保護を受けると恥ずかしい、いじめに遭うのではないか、あるいはさまざまな差別を受けるのではないかということもあって、特に子どもを抱えているお母さん方は生活保護を現実的には受けられていないといえます。

これは障害のある方も高齢の方も同じです。海外だと年金が足りなければ生活保護を受けようとか、働いて収入が少なければ生活保護を受けようとなるのですが、賃金も少ない状況で、プラス社会保障もほとんど機能していない状況なのです。当然、貧困が改善しないということは私が説明するまでもなくおわかりいただけると思います。

私たちの仕事では、年間５００件の相談があるうち、生活保護の必要性がある世帯（要保護世帯）には申請につきそう仕事もあります。毎年２００人から３００人ぐらい保護の申請につきそったり、役所と交渉して申請したり、情報提供します。

くり返しになりますが、最低生活費を下回っている場合には、確実に社会保障を受けられる社会にしていかないと貧困はなくならないです。生活保護制度を機能させるのか、あるいはその外側にいろいろな手当をつくっていくのか、いずれにしても社会保障給付の弱さが日本の大きな特徴です。

それから、法律的にも未整備部分が多く残されています。女性に貧困が集中するということは、男性もある程度は責任をもって所得を分配しないといけないです。しかし、ほかの国と比べても著しく養育費の取り決めとか、金銭保障がされていないのです。

ほかの国であれば、たとえば離婚するときには自治体がお互いの取り決めに介入したり、そのための法整備があります。日本はそれがありませんので、現在も養育費を受け取っている母子家庭のお母さんは全体の約2割しかいません。これは先進諸国と比較すると群を抜いて低いわけです。賃金も社会保障も機能しない、なおかつ、最後に残る家族・親族も貧困を改善するところに寄与してくれないなかで貧困が残されていて、本人の努力云々ではありません。

日本の社会システムを見ると、単に離婚しただけで貧困になるとか、病気をしただけで貧困になるとか、家族の介護が必要になっただけで家計の負担が大きくなり貧困になる。あるいは最近、震災とか天災によって被災される方が増えていますが、自然災害に遭っただけで貧困に至るとか、ちょっとした要因で誰しもが貧困に至る状況が見て取れます。

貧困問題というのは、これまでは特殊な人たちの、怠けている人たちの問題だと捉えられていましたが、これほど社会保障が弱い国において、貧困問題はもはや自分ごと、私たちの問題として迫ってきていると思います。

私は大学で講義をもっていますが、以前は「貧困問題」とはあまりいわなくて、講座名は「生活問題」としていて、市民の生活問題のところで貧困問題が語られていました。ですから、市民全体の生活問題として貧困問題を捉える必要があるのではないかとも思っています。

子どもの貧困は、賃金も社会保障も安定していない国だということです。それを家族だけに貧困から頑張って抜け出してくださいといっても限界があるということです。私たちの側、社会の側が何かできることをしていかないといけないでしょう。国民負担の割合を高めてでも貧困を改善しないといけないと思います。

日本の場合は、残念ながら、生まれた家庭で子どもが将来どうなるのかがほとんど決まる社会になっています。また大学進学率とか、学習機会や旅行する機会など、さまざまな機会を得ることも、家庭にゆとりがない場合には得られにくいです。

子ども食堂はご存じでしょうか。子ども食堂、学習支援とさまざま広がってきていますので、ぜひそんな取り組みに参加いただいたり、現場に足を運んで状況をごらんいただいたらありがたいと思います。埼玉でも子ども食堂ネットワークを広げようとか、学習支援に寄附を集めようという取り組みをやっています。現場に足を運んでなるべく貧困をなくすネットワークに加盟いただけたらありがたいと思います。ボランティアでも寄附でも構いませんので、市民一人ひとりができることをやっていかなければいけないのではないかと思います。

政策的にも子どもの貧困対策法ができたり、さまざまな取り組みが見られてはいますが、貧困をなくすためには社会保障が決定的に重要であり、なおかつ直接的な現金給付が必要です。どの法律ができたとしても予算が足りないので、現金給付策は非常に少ないという状況です。

貧困をなくすために、いろいろな支援をしていこうといわれていますが、その予算の裏付けが弱いです。予算をつけようという運動や、税金を回してくれという運動など、税の使い道も含めて一緒に議論を進めていく必要があるのではないかと思います。

大阪府、大阪市は税金の使い道はどうでしょうか。身近な議員さんや政治家の方に、子どもの貧困を含めて貧困対策を一緒にやっていきましょうと伝えていただけたらと思います。

それから、生活困窮者自立支援法という法律が２０１５年に始まっています。そこにも子どもの学習支援とか居場所づくりの予算措置がされてはいます。ただ、これも予算の裏付けが非常に弱いです。法律がちゃんと予算措置も裏付けされて運用されていくように、市民が運用過程に目を凝らしていかないといけないと思います。法律なり現金給付策なりの社会保障で貧困をなくしていくことに本腰を入れて取り組まない限り、貧困はなくならないと思います。

若者の貧困

次に、若者の貧困について触れていきます。

1985年と比較して貧困率が上がっているという話をしました。近年の2000年と比較しても広がっています。特に稼働年齢層、働いていても貧困というのが日本の特徴です。働いている世代の30代から60代に貧困が広がっていて、この年代は子どもを育てていたり、場合によってはおじいちゃん、おばあちゃんを助けなきゃいけない、仕送りをしなきゃいけないという世代ですが、そこで貧困が広がっています。

「低すぎる若者世代の所得」といっていいと思います。29歳以下は働いて手元に残る年間の平均所得が160万円ぐらいで、パートなどいろいろな就労形態を含みますが、手元に残るお金が月10万円程度です。20代はこの所得で暮らしていて、30代、40代になっても相当厳しいということがおわかりいただけると思います。働いている人たちが十分に稼げていない、働いたとしても収入は全然得られていないわけです。

共働き世帯とかいろいろな世帯の形態がありますが、特にひとり世帯に貧困が集中していて、1人分の就労収入だけだと劇的に暮らしが苦しくなるわけです。1965年は誰でも結婚できた時代でしたが、2017年には結婚できないというのが一般化しつつある状況です。

所得の不安定さや長期的に将来の見通しが立たない場合には未婚率が上がるといわれていて、結果的に結婚できない若い人たちが増えています。最近、若者の「何とか離れ」というのが広がっていて、車離れ、マイホームを買わないとかお酒も飲みに行かないとかいわれています。背景には、所得の低さ、労働分配率の低さ、働いても賃金が上がらないという状況、5年後、10年後の所得が上がらない、そういったものを照らし合わせると当然ですね。結婚しないという決断をする若い人たちも増えています。

別に結婚しなくても構いませんが、社会保障が弱い国ですので、家族で何とかしないといけない仕組みにしています。これは日本型福祉国家と呼ばれていますが、家族がいないということはリスクがあるというわけです。家族が形成できない、世帯が形成できない若い人たちは今後も増加していくと思います。

この間、非正規雇用の問題や低賃金の問題もさることながら、ブラック企業の相談が寄せられることも多くて、労働組合の関係者と一緒に団体交渉したり、賃金の引き上げや残業代を求めるという交渉をしています。

完全雇用が実現したとしても、日本社会において残された課題です。雇用の質をちゃんと上げていかないと、せっかく失業率が低いにもかかわらず安心して働けない状況が広がっています。要するに、低賃金・長時間労働が残されていて、あるいは正社員としてそれを選ばないのであれば、低賃金のパート・アルバイトになり、食えない、そして貧困が残されてしまう。いずれにしても雇用の状況を改善することが急務だから、労働組合の活動が重要だといえます。

次に、住まいの問題ですが、大阪も家賃が高くないですか。若者の所得で家賃を払うと、手元に残るお金は相当少なくなります。私たちのＮＰＯに相談に来られる方たちは、たとえば14万円、15万円という手取りの給料から６万円とか８万円の家賃を払っているというケースも珍しくないです。この前、23区内から相談に来られた28歳の会社員は手取りの給料が18万円でした。そこからワンルームの家賃を11万円引かれるそうです。給料から家賃を払って手元に残るお金は少ないので、実家暮らしせざるを得ない若者も増えています。

住宅政策をどうするのか。これも社会保障の領域になりますが、賃金がなかなか上がらないのであれば、それを補う形でどうやって住宅を保障していくのか、家賃負担をどうやって軽減していくのか、ということも引き続き議論されないといけないです。

それから、若者や子どもにとって重要なのは、教育投資や職業訓練の訓練費等の投資です。本人が安心して手に職をつけたり、資格を得て働きに出ることを助けなきゃいけません。日本の場合は人にも投資しないことが特徴で、ここでも家族次第ということです。

これは、子どもや若者の将来はその出身家庭の所得に左右されるということです。文科省が出しているデータでも明らかです。所得が高ければ高いほど大学進学率は高いです。あまりいいたくない現実ですが、日本はお金がないと一流大学には進学できないといっていいと思います。ましてや年間の所得が３００万円、２００万円しかないという世帯、特に母子家庭のお母さん方が子どもたちを大学や専門学校に進学させられないということがデータでも裏付けられています。

努力すればちゃんと資格が取れて、努力すれば報われるみたいな幻想がまことしやかにささやかれますが、ほとんど階級社会といっていいんじゃないかというぐらい出身家庭がほとんど将来を決めてしまうと思います。

成績もお金で買えるといえます。残酷ですが、これが日本の社会の現実です。勉強ができるかできないかも、その家庭のお金が決めます。お金がない家庭では成績を維持することも、テストでいい点を取ることも難しいと思います。この前相談に来た母子家庭は、お母さんがうつ病で働けない状況で、貯金を切り崩しながら何とか生活していましたが、生活保護を受給しなきゃいけないという状況でした。そのご家庭は、お母さんがうつ病等で家事・育児ができませんので、弟とか妹の面倒を中学生の姉がやっていました。とても勉強に集中できないとか、お母さんが不安定なときには学校を休んでお母さんの世話や看病するということがいまだにあります。

さらに、親の所得が上がりませんので、奨学金を借りなければいけない若者が非常に増えています。そんな学生はお金を借りて必死に大学に行く、大卒という資格を求めて大学に来るという状況です。中卒、高卒、大卒で比較すると、平均的には大卒のほうがまだ給料を得られやすいという社会構造があります。事実上、みんな大学に行かざるを得ないと思っています。

学費の高さも異常です。貧困から抜け出すためには教育が必要で、職業訓練を受けないと貧困から抜け出すための賃金が得られないのですが、賃金を得るためには初期投資が必要で、この初期投資である学費がべらぼうに高い。

頑張ればこの費用を払えるかというと、それはちょっと考えにくいです。特に理系とかパイロットになりたいとか、医者になりたい、あるいは法科大学院に行って弁護士になりたいという場合には、金額が相当高くつくということがわかります。

お金がない家庭からは夢や希望はかなえられないといい切っていいのです。海外だと子どもや若者には教育投資を社会がします。大学学費は無償とか、あるいは住宅手当を支給して、大学にいる間は家賃がかからないようにしてあげたり、いろいろな投資を若者・子どもにするのですが、日本はこれも著しく低い。

要するに、日本は何でもかんでも家族と企業です。家族に丸投げで、家族にお金があればそれができて、家族にお金がないとできないという仕組みです。男性が正社員で安定して働いている時代はよかったのですが、今は働き方も多様化し、あるいは離婚することが珍しくない社会です。そういった状況においては、今のままの仕組みだと回っていかないということです。

高齢者の貧困

高齢者の貧困率は19・4%です。これもOECD先進諸国のなかでは高い数字です。先進諸国のどの階層・年代を見ても日本の貧困率は高いところに位置づきます。なおかつ、単身、ひとり暮らしのところには集中して貧困があらわれるというのが日本の特徴です。

どの年代でも、家族がいない、家族から援助を受けられない場合、貧困が集中するのです。ひとり暮らしで年金を受けながら暮らしているおじいちゃん、おばあちゃんからの相談が圧倒的に多いです。

2015年から、高齢者のなかで中流ではない人が増えていることに気づき、あえて「下流老人」という言葉を使いながら、この言葉をはやらせながら問題を見える化していく取り組みをしています。

本当は使いたい言葉ではないのですが、この言葉を使いながら貧困問題をなるべく多くの人に知ってもらうような機会を、あるいは何だろうと思ってもらえるような機会を設けようと取り組んでいます。

私がずっと問題としているのが、生活保護基準以下の暮らしをしている、それぐらいの金額しか年金をもらっていないお年寄りです。生存権がちゃんと保障されていないのではないかという問題意識です。生活保護基準と比較しても少ない年金で暮らしているのであれば、生活保護を受けましょうというこことや社会保障で補うということをいろいろな仕組みに入れていきましょうと求めるために取り組みを進めています。

ひとり暮らしの高齢者の月額の最低生活費は、生活費と住宅費の満額いっぱい入れると12万円前後（首都圏など都市部）は支給されないといけません。これが「健康で文化的な最低限度の生活」です。この所得を下回ると、生活上何かしらが欠けてしまい、人間らしい暮らしができない、あるいは生存権が侵害されていると捉えられます。この生活をしている方が膨大にいるということをいろいろな形で見えるようにしています。

高齢者は日本社会に約3500万人いますが、そのうちの2割から3割ぐらいは生存権が脅かされている、あるいは生活保護の基準以下の年金でしか暮らせていません。母子家庭のお母さんのなかでも4割から5割ぐらいが生活保護基準を下回る収入で暮らしているともいわれています。だから、貧困がいかに常態化しているかというか、日常化し過ぎて貧困であること自体に当事者の方たちも気づいていないことがあります。

あなたは生活保護の対象ですよとか、貧困に至っている当事者ですよとか、あるいは将来自分がそうなるかもしれませんよ、とわかりやすく実像を伝えていくことが大事です。皆さんの年金収入自体も、計算してみると貧困ラインとあまり変わらない基準という方が多いです。だから、老後の問題を見ていくと貧困は誰もが他人ごとではない、そういうふうに捉えられるのではないかと思います。

生活保護を受給されている高齢者の方も増えてきていて、生活保護世帯の半数が高齢者です。2割ぐらいが障害・傷病者と言われていますので、大多数の方たちは何かしら働けないという要因があったり、働くことが難しいという状況で生活保護を受けています。

世間一般的には生活保護は相当誤解されている状況で、不正受給している人が多いんじゃないかとか、必要ない人が受けているんじゃないかとよくいわれています。そういったものはごくごくわずかで、先進諸国で見ても不正受給の割合も低いです。

皆さんは年金をどれぐらいもらっていますか。多いですか、少ないですか。後藤道大先生（都留文科大学名誉教授）と一緒に調べたり、研究会で議論をしています。彼の調査では、1人1カ月当たり10万円以内にほとんどの高齢者が収まります。

今の高齢者は夫婦2人で暮らしている方が非常に多くて、婚姻率が高いという特徴があります。2人分の年金を足すと何とか暮らしは成り立っていますが、これが1人になった途端に生活していけないとか、遺族年金に切り変わった途端に暮らしができないという方たちがたくさん相談に来ています。なおかつ、高齢者の貧困も女性が多数です。女性が1人1カ月にもらう年金はほとんどが10万円以下で、ここでも女性がいかに貧困の主役になっているのかということがおわかりいただけると思います。実は、これが老後も離婚できない理由の一つです。男性と別れてしまうと生活できなくなるのが今の日本の状況です。

母子家庭のお母さんの貧困率は相当高いですが、老後の貧困率も高いです。ですから、女性に至っては、DVがあろうが、さまざまな家庭内の要因があろうが、離婚という選択肢がとりにくいというところが日本の社会保障の弱さをあらわしています。男性と一緒にいないと老後の年金、あるいは生活自体が成り立たない、そういった非常にもろい社会保障が背景にある、これが貧困の一つの要因になっているわけです。

今、下流老人という問題について、NHKと朝日新聞とタッグを組みながらキャンペーンに取り組んでいます。団塊世代の方がすべて高齢者になりましたので、高齢者人口が増えていることもあって、ここから貧困問題をクローズアップしようと取り組んでいます。

2000年と比較しても年金収入はずっと下がり続けています。消費支出、生活費自体は以前とあまり変わりません。さらに保険料と税金が上がっていますので、手元に残るお金（可処分所得）がいまだかつてないぐらい少なくなっています。皆さんの年金はこれからも下がっていきますから可処分所得は将来もっともっと下がっていくという見通しです。40年間保険料を払って6万5000円という基礎年金をこれ以上下げると生活していけないという高齢者の方が出てくるというのは、誰が見てもおわかりいただける問題だと思います。

ひとり暮らしの高齢者も増えています。特に女性のひとり暮らしが今後も増えていくという状況です。女性が貧困の主役だと申し上げましたが、女性が高齢期に1人残されると貧困が集中してあらわれます。

年金を受給しても足りないので生活保護を受けざるを得ないという方がかなり多いです。今、法改正がされて、10年間年金を掛けていけば一部もらえるようになったことはご存じでしょうか。これまでは最低限25年間は年金に加入しないと基礎年金が支給されなかったのですが、これが10年間払えば年金を受け取れますと変わりました。10年間掛けて年金はどれぐらいのものなのかということにはなりますが、いずれにしても可能な限り保険料を支払っていた方でも生活していけない。老後の収入が少ないので生活保護に頼らざるを得ないという状況があります。

年金加入しておけば老後は貧困に至らないのではないか、あるいは計画性のない人が貧困になるのではないかと言われますが、年金を可能な限り掛けてきても貧困になっています。要は、年金システムもそうですし、社会保障全般に不備があるのです。

年金制度にもぜひ注目いただけたらと思います。毎年、年金金額をどれぐらいにするのか議論がされていますし、２０１６年末にも年金をどうしていくのか、若者世代との分配をどうしていくのかという集中的な議論がありました。結果的には年金を長期的にずっと引き下げていこうという法改正がされました。マクロ経済スライドといわれますが、物価や賃金が上がっても年金は上げない、それをさらに強化していこうという法案です。これには私も反対していますが、財源がない、世代間の公平性ということで議論が前に進んでいかないという状況です。

それから、私は暴挙だといっていますが、先ほど触れた老齢基礎年金――これは1階建て部分といわれていて、自営業者の方とか非正規雇用の方とか厚生年金に加入できない方たちも加入できる年金です。この1階建て部分の老齢基礎年金、これは40年間払うと6万５０００円というものですが、実はそこまでも減額対象になっています。本来は40年間払って6万5000円で十分な生活費になるのかという議論が必要なはずですが、そこまで含めて減額対象になるわけです。本来なら少し高めにお金をもらっているところから下げようとか、もう少し公正に削っていこうというのであれば理解されると思います。この1階建て部分でしか年金をもらっていないところまで含めて削減対象ですので、異常な議論がされています。私たちのもとに相談に来られるのは、圧倒的にこの老齢基礎年基金だけで暮らしているおじいちゃん、おばあちゃんです。この方たちが全国から日々電話とかメールとか突然来所されたりという形で相談に来られます。

こんな状況ですから、年金が少ないがために働かざるを得ない高齢者が増えています。でも、ご承知のとおり、働いたって最低賃金のラインで働くことになりますので、十分な賃金を得られない雇用環境です。社会保障が整っている国では高齢者は働いていません。日本は高齢者の貧困率も異常な値が出ますし、働く高齢者の人口も異常な数値が出ます。なぜ働かないといけない高齢者がこんなにいるのか、なぜ働いても貧困から抜け出せない人たちがこんなにいるのかを分析する必要があるのです。

80歳を過ぎても新聞配達をせざるを得ない、掃除の仕事をせざるを得ない、いろいろとせざるを得ないという方がいらっしゃいます。高齢期は年金が足りないのであれば生活保護などの社会保障が補うという方法を大体の国がとるのですが、日本は高齢期になっても働ける方は働いてくださいという政策がずっととられてきています。働いている高齢者の方も自分が生活保護の対象になるとは思っていないですし、働いていないと暮らせないと思っています。働かなくても実は社会保障の対象になるということを今後も引き続き伝えていかないといけないと思っています。

介護保険も崩壊に近いというのが今の実態で、介護保険料も上がっていませんか。やたらと年金から引かれる金額が多くなっていませんか。このあたりの自己負担の割合は今後も上がっていく上に、実際介護が必要になったときには、さらなる利用者負担が求められる状況です。特別養護老人ホームの入所順番が回ってきても利用料が払えない高齢者からの相談も増えています。介護保険の実態も見ていく必要があると思います。財源が介護、医療、教育という必要な社会保障に回っていないのです。まとめると、今日のテーマはこんな社会に誰がしたのかということです。まずこんな社会なんですよ、ということを多くの人たちと共有しないといけないと思います。日本社会は今ぼろぼろですが、ぼろぼろだと思っている方はそんなに多くないので、ぼろぼろだと思ってくださる方を増やさなければなりません。

ぼろぼろの社会をどう立て直すか

これまでの日本社会は、経済成長したお金を社会保障に回しましょうということでした。ただ、社会保障を充実させるために経済成長するというわけではなくて、経済成長したら社会保障はよくなるという仕組みをとってきました。経済成長しないと社会保障は回らないわけです。GDPが上がらないと社会保障は回せません。

この間増えているのは高齢者ですが、医療や介護に回すお金も全然足りない。税による再分配を皆さんと共有しながら、払ったら返ってくるんだという社会にしないといけません。今は税金を払っても何の恩恵もないという状況が広がっていて、教育費も無償になっていないし、介護も医療も無償ではないし、住宅も自分で手に入れないといけないし、いろいろなものを自分で手に入れなきゃいけない社会です。こういう社会からなるべく脱却していくことが大事ではないかと思います。

国民負担率の割合――これは税とか社会保障等の負担割合のことですが、これは実は思ったよりも上がっていません。少子高齢社会なら本当はもっと上げないと社会保障の原資がないのです。北欧、ヨーロッパもそうですが、国民負担率を上げて必要な再分配をしていくことで、教育費の無償化とかいろいろなものを無償化していくということをやっています。

日本は平成元年ぐらいを境にして国民負担率はあまり上げられていないので、恒常的に社会保障の原資が足りないという状況です。今、高齢化率27％という異常な社会ですので、そこでの医療費・介護費は莫大にかかるはずです。今は国債、要は借金で回しているという状況で、これが持続可能な社会だとはとうていいえないです。

まずは税金を払って、安心を買うという社会に切りかえないと持続できないのではないか。私は30代ですから、こんな社会を引き渡してもらうと困るという思いもあるので、税金を高めてでも社会保障を安心させましょうと合意できるといいんじゃないかと思っています。

そのためには、政府に税金を社会保障へ確実に回してもらわないといけないのです。政府が回していないので税金を上げられても困るという意識は当然です。結論からいえば、国民負担率を上げないと、社会保障の向上、貧困の改善はないと思います。

次に、「学校教育費の対ＧＤＰ」ですが、年間得られる収入のうちどれぐらいを教育費にかけているのか、若者と子どもにお金をかけているのかという割合です。一番大事なのは、日本の公的支出は対GDP比で3・5%ということです。1・5%が私費負担、家庭が出している金額で、公費が出しているのが3・5%です。

日本の公的支出は、先進諸国で最低の金額です。教育にも公費でお金を出したいけれども出せないのです。ほかの国は公費でも教育費を出すし、家族が負担する分は少ない。いずれにしてもGDP比で見て子どもとか若者への教育費に投資していない特徴的な国だとおわかりいただけると思います。子どもが減っているにもかかわらず公費で捻出している金額も非常に少ないですので国際競争に勝ち抜けません。

ですから、もはや貧困対策という次元ではなくて、貧困対策を含む社会保障の立て直しをするかしないか、が日本社会の行く末を決めるといっていいかと思います。学校教育費の対GDP比の水準も低いですし、将来の日本を支える若者にお金が全然回っていないです。若者にも高齢者にもどこにもお金が回っていないという状況です。

もう高い次元での経済成長は現実的には無理です。以前は高度成長期があり、オイルショックの後も成長していました。社会保障の原資もありましたが、最近はアベノミクスの効果も全然なくて、経済成長はわずかです。費用対効果が著しく低い政策でした。

経済成長しないと社会保障にお金が回せないということを続ける限りは回っていかないということです。成長しようがしまいが、ある程度私たちが最初からお金を捻出して社会保障に回していく準備をしておくことが大事です。経済成長できないなかでどうするのかという議論が必要です。特に90年以降、子ども・若者に投資しなくなって以降、経済成長しなくなってきているという特徴がありますので、子どもの貧困対策に限らず、子ども・若者に対する投資がいかに重要なのかということです。

日本はOECDのなかだと購買力――1人当たりの経済力が相当弱まっていますし、1人当たりのGDPは先進諸国の平均以下で、もう先進諸国という部類からは外れてきているぐらい日本全体が貧困になっています。ここから立て直しをしないといけません。安心して暮らせるように投資しなければいけないということを皆さんと共有したいと思います。日本はGDPは世界3位ですよといっていますが、1人当たりのGDPだともうOECDの平均以下ですので、1人当たりは貧しくて豊かではないわけです。日本全体とすると人口が多いですので豊かなように見えますが、富が偏在しているということです。

「働いても報われない日本社会」ということで、労働分配率――企業が得られた利益のうち労働者にお金が回る割合が今は相当低いです。歴史的に見ても、過去最低水準にあります。現在は、団塊世代の方が抜けて、賃金が相対的に低い若者の労働者が増えたということも一因ですが、それでも労働分配率は低すぎます。給料としてお金が分配される割合が低いから、消費や経済が回らないのです。最低賃金問題もそうですが、ちゃんと働いたら給料を保障する、企業にちゃんと払わせないと貧困はなくなりません。

企業の内部留保は膨らんでいますし、企業が持っている株や金融資産も増えてきています。賃金が払えないかというと、まったくそんなことはありません。分配率が低下する一方で内部留保は上がってきている状況ですので、これをちょっとでも家計に回すようにしていかないと経済は回っていきません。

あの麻生財務大臣ですらちゃんと労働分配しましょうといい始めています。それぐらい企業にお金が集まり過ぎていて、それが一般の労働者、家庭に回っていない、これが貧困の一つの理由にもなっていると思います。賃金と社会保障が機能すれば貧困は改善します。労働組合が機能する、社会活動に参加する、あるいは社会保障を求めるようにしていかないと貧困はなくなりません。

今回のようなテーマを皆さんもネットでつぶやいたり、いろいろな人たちにお伝えいただけたらありがたいと思います。私もこれから先もいろいろと伝えていって、なるべく貧困をなくしていくような社会構造に変換していけたらと思っています。

第2章

もう奨学金なんて借りたくない！

――「奨学金」という名のローン地獄

岩重佳治（弁護士　奨学金問題対策全国会議事務局長）

岩重佳治（いわしげ・よしはる）　1958年、東京都生まれ。弁護士（東京弁護士会所属）。1997年弁護士登録。多重債務や子どもの貧困問題に取り組むうちに奨学金問題の深刻さを知り、2013年に「奨学金問題対策全国会議」を設立。事務局長として返済困難な人の支援などを続けている。著書に『「奨学金」地獄』（小学館新書、2017）ほか。

大学生は1日780円で生活している

皆さん、今大学生が1日幾らぐらいで生活しているかご存じですか。住居費を除きますと、何年か前までは2300～2400円というのがだいたいの相場でした。食費や被服費などもろもろを考えていけばそれぐらいかなという感じがするわけです。ところが、今いくらかと聞いてみると、ちょっと前までは850円ぐらいだったのが800円を切って780円ぐらいだそうです。780円でどうやって生活するかちょっと考えてみてください。食費も含めてです。皆さんも学食で食べられたと思いますが、私たちの時代の学食というのは、安いけどまずいので行かなかったことが多かったですよね。なので、どうにかして学食以外でご飯を食べたいということでいろいろアルバイトをしていたんですが、今は学食にすら行けないです。1食の定食が400～500円だとしますと、1回でそれだけ払ってしまうと、1日の生活費の半分もなくなるので行けないんですね。では、どこで食事を買っているかというと、コンビニとか、あるいは朝ご飯を抜く学生さんがとても多いそうです。朝食を100円で提供する大学が増えてきています。そうしないと食べられないということです。

今の学生さんは私たちの時代とは違います。私たちの時代は着たきりスズメでしたが、今の学生さんはみんなきれいな格好をしています。だから、見た目ではわからないんですけれども、実はそういう状況で食べるものも食べていない。おなかがすいたら勉強もできないですね。

それから、生活が苦しいですからみんなアルバイトをしていますが、その時間がとても長いです。

私も今大学で一つ講義を持っていますが、眠っている学生が増えました。夜通しアルバイトをして私の講義に出てくる学生さんもいます。そうすると、寝ているのを注意したり起こすということを躊躇します。それから、宿題が出せません。アルバイト漬けになっているので宿題をやる時間がないという状況が起こっているからです。

若い人の生活が苦しいという状況の変化に私たちはもう少し敏感にならなければいけないと思います。選挙になると、学費の負担を減らすとか給付型奨学金を充実させるとかみんな言うんですよね。最近は、高等教育を無償化すると与党がいい出した。できるんだろうかと。もちろん私たちが求めてきたものですから1日も早くそうなればいいと思うんですけど、本気でやろうとしているのかというのはちょっと疑問に思います。

今日の題名のとおり、「もう奨学金なんて借りたくない！」という若い人が増えています。ちょっと前までは奨学金を怖いものだと知らないで利用して大変な思いをするという方が多かったです。しかし、最近は奨学金が非常に怖いということがわかって、できれば借りたくないということで、アルバイトを増やして苦労したり、あるいは奨学金を使うのをやめて進学を諦めるという人も出てきているようです。これは私たちのせいだといわれたりします。おまえたちが怖い怖いというものだからこんなことになってしまったというふうにいわれることもありますが、今日は本当にこの実態をわかっていただく必要があると思います。

日弁連で奨学金返済問題ホットラインというのをやったのですが、そのときにも余りにも生活が苦しいので奨学金の返済どころではないということで生活保護のアドバイスをした方が複数いました。

それぐらい大変な状況にあります。生活保護とは何かというと、皆さんご存じだと思いますが、これ以下の収入しか得られないと人間らしい生活ができないので、そういう苦しい状況に陥った理由がたとえお酒の飲み過ぎだとしても、ギャンブルのし過ぎで苦しい思いをしたとしても、絶対にこういう状況はあってはいけないから助ける、これが生活保護の基本です。つまり、あってはいけない状況を救うために生活保護があると、そのなかからいろんなお金を出す余裕はないんです。ところが、ある方の例では、病気で働きながら生活保護を受けていて、月1000円から2000円の奨学金を返しているけれども、そうすると最低生活ができなくなりますと。何で奨学金でそんなことをしなければならないのかということです。

大学生の約4割が利用する日本学生支援機構の奨学金では、収入が少ない人の場合、救済制度があることはあります。たとえば、先延ばしにする制度、返済を猶予する制度がありますが、実はこれが使えていません。一つの大きな理由は、誰も教えてくれないからです。たとえば日本学生支援機構に連絡をして、苦しいんだ、返済ができないんだけどどうにかならないかといっても、必ずしも正しいアドバイスを得られるわけではありません。少なくない人が、適切な助言をもらえないまま、支払いを続けています。そして、払い続けても延滞金がたくさん発生していますので、払ったお金は延滞金に行ってしまって元本が減らないんです。そうすると、払っても払っても減るどころか延滞金が膨らんでいくという状況が起こります。

それから、後でお話ししますが、救済する制度というのは遅れがあると使えません。たとえば5年間遅れがある、延滞金も膨らんでいるとなってくると、助けてほしかったらまず遅れている分を払って下さいといわれます。これ、変だと思いませんか。苦しいから遅れが出るんです。だけど、遅れを払わないと助けない。こういうことがやられているので救われないということになります。猶予を利用できる期間も10年と限られており、これを過ぎると経済的にどんなに苦しくても猶予が使えません。

それから、自己破産する方もいます。私が相談を受けて最終的に返済に困っている人を救おうと思うと自己破産という手続をとります。破産という手続は、一定の価値のある財産を持っている人はお金に変えて返して、残りの借金を免除する、簡単にいえばそういう手続で、普通に生活ができます。しかし、この手続を利用しようとしても、利用しづらい場合があります。それが保証人がついているケースです。

日本学生支援機構、昔の日本育英会、これが今は国の奨学金をやっていて、学生さんのだいたい4割が借りていますけれども、半分の方は個人の保証人をつけます。1人は連帯保証人というちょっと責任の重い保証人で、お父さんとかお母さんがなることが多いです。それから、もう1人保証人をつけます。これはおじさん、おばさんがなることが多いですが、最近は兄弟姉妹がなることが多いです。私の依頼者に、自分も奨学金を借りているんですが、弟さんと妹さんが借りる奨学金の保証人にもなっているという人がいました。破産という手続で借金を免除する免責許可決定をもらうと、奨学金も払わなくてよくなるんですが、保証人の責任は残ります。そうすると、自分は助けられども、保証人である年をとったお父さん、お母さん、おじさん、おばさんに請求が行くと迷惑がかかるということで、必死になって破産手続をとらないで返し続ける人が後を絶ちません。そういう意味で、保証人の問題もけっこう大きい問題になっています。

もちろん返せないこと、そのものが大変だということもあります。この間のホットラインの相談でも、皆さん生活費を絞りに絞って返している。返済の苦しみというのは大変なものだと思います。それで、私たちが延滞している人を救おうと思うと、一生懸命返している人だっているのにバランスがとれないといういい方で非難する人がいます。だけど、返している人が楽かというと、全然そんなことはないです。多くの人が無理をして返しています。

奨学金を返さなければならないということで結婚ができないというケースが本当に多いです。インターネットで「奨学金」と「結婚」と入れて検索していただくとたくさん投稿が出てきます。奨学金を返さなければならないから自分は結婚できないという若者がとてもたくさんいます。私たちの団体の代表の大内裕和先生（中京大学教授）は、喫茶店でカップルがそういう話をしていたのを実際に聞いています。プロポーズしたいんだけど切り出すことができない、自分の奨学金の返済がある、月2万、3万返すということになると、結婚したら相手に迷惑がかかるということでいい出せない。勇気を出し話してみたら、相手も奨学金を借りていたというケースがあります。だから、頑張って奨学金を返してから結婚しようねというんだけど、一生かかって返せるかどうかわからないので結婚できるのかなと思います。

それから、当然のことですけれども、子育てにはお金がかかります。勉強するのに学校のお金だけではなくて塾代なども入れるとたくさんのお金がかかります。それをわかっていますから、子どもをもつことができません。奨学金の返済というのは、卒業してから10年、20年かかります。遅れが出ると30年も40年もかかります。そうすると、ちょうど結婚して子どもをもちたい年齢のときにまだ奨学金を返していますから、とても子どもにお金をかけることができません。学童クラブといって、働いているお父さんお母さんが小学校の子どもを放課後預ける場所があるんですけれども、学童クラブも費用がかかるので、奨学金の取り立てが厳しくなり学童のお金が出せなくなって、かわいそうに子どもが学童に行けなくなるケースもあります。子どもにまで影響が出ているということです。

選挙のたびにいろいろな政党が少子化に歯どめをかけるんだというふうにいいますけれども、この問題をこのままにしておいて少子化に歯どめなんか絶対にかかりません。もっともっと人口は減ると思います。人口が減るとどうなるかというと、税金を払う人が出てきませんから、私たちの社会は足もとから崩れていきます。私は、この社会はあと20年もたないというふうに思っています。私は今58歳でもう少しで還暦です。老後の生活を楽しみに毎日嫌な仕事をずっと頑張ってきましたが、このまま楽しい老後は残ってないなという感じがします。

それから、若い人が親元から独立することもできません。今、若い人で親御さんと同居している人がとても増えています。親御さんは子どもの三度の食事などの面倒を見ますので、せっかくの老後の資金を使い果たしてしまいます。そうすると、第1章で藤田さんが下流老人だといっていろいろ警告していますけれども、その問題はますます深刻になります。

それから、好きな仕事に就くことができません。とにかく返せといわれるのだから、何でもいいからとにかく勤めてお金を返さなければならないということで、どこでもいいからということになるとどうなるかというと、仕事が安定しないのでキャリアが築けないためにもっともっと大変な状況になることがあります。

このような相談が日々寄せられます。私も聞いていてどうにかしたいと思うのですが、毎日皆さん大変な人ばかりなので、涙をこらえて相談を続けています。相談をやっていて本当に思ったのは、本人だけがどんなに頑張って努力してもこの問題を解決することはできないということです。誰でもこの問題の被害を受ける可能性がありますし、その余波を受ける可能性があります。本人でなくても、たとえば自分の結婚相手がそうだとか、自分の息子さんや娘さんの結婚相手がそうかもしれません。あるいは、保証人になっている方がいるかもしれません。ということになってくると、ここにいる皆さんが巻き込まれる可能性があり、自分だけが気をつけてどうかできるならいいのですが、それが無理だということを今日は話したいと思います。つまり、これは、構造的な問題、システムの問題で、個人の努力では避けられない、この点をまず理解してもらいたいと思います。どういうことなのかお話しします。

学費が高すぎる

私がこういう話をすると、必ず会場のなかでこういう発言をする方がいます。学費が高くて大学に行くのに困っている、奨学金を借りるので困っているというのであれば、学費が安い国立に行ったらどうか、必ずこういう方がいます。その方に私は聞くのですが、私の時代もそうだったんですけど、ひょっとしてご自身が大学に行った時代の国立の授業料は月に１０００円だったんじゃありませんかというと、そうですと。

学費はどんどん高くなっています。１９７０年、私が大学に入学する数年前ですが、国立だと１年のとき入学金も含めて納めるお金は１万６０００円でした。今は80万円を超えています。近く90万円を超えるともいわれています。この間の物価の上昇はだいたい３倍ですから、物価の上がり方をはるかに超えて学費がウナギ登りで高くなってきたということになります。今の学生さんにこの話をすると、嘘だといいます。私がこの問題で運動をしているものだから極端に嘘をついているんだろうということをいいます。「えっ、１万６０００円⁉」という感覚です。でも、これが現実です。これだけ高いということになってくると、４年間で授業料だけで何百万もかかるということになります。

では、なぜこうなったのか。それは受益者負担という考え方で、利益を受ける人が費用を払いましょうと。大学に行ったらいい企業に入ってたくさん稼げる、だからその費用は自分で負担する。用意できなければ借金にして返させる。これが公平だというのがもともとの出発点でした。ということで、どんどん公的な支援が減らされて学費が上げられてきました。国際比較でも日本の学費はトップレベルで高いです。アメリカは、安い州立大学もあれば、デパートなどの商業施設の上にある大学もあります。名前がすごくて、営利大学――もうけ大学というんですけど、そういう大学が平気であります。そういうところは学力がそんなになくても入れてくれますが、たくさんお金を取って、卒業してから安定した仕事に就けない、そういうのがたくさんあります。総じていうと日本は世界でトップレベルで学費が高いです。学費が高い３大国というのは、アメリカ、日本、韓国です。アメリカは日本よりはまだ奨学金制度が充実していますけれども、日本は奨学金も充実していません。

それから、高校卒業後の進路ですが、親の年収が高くなればなるほど進学率が増えて就職率は減る、

図1　教育の機会不平等を生み出す高学費

大学初年度納付金と大学(学部)進学率、奨学金受給率の推移

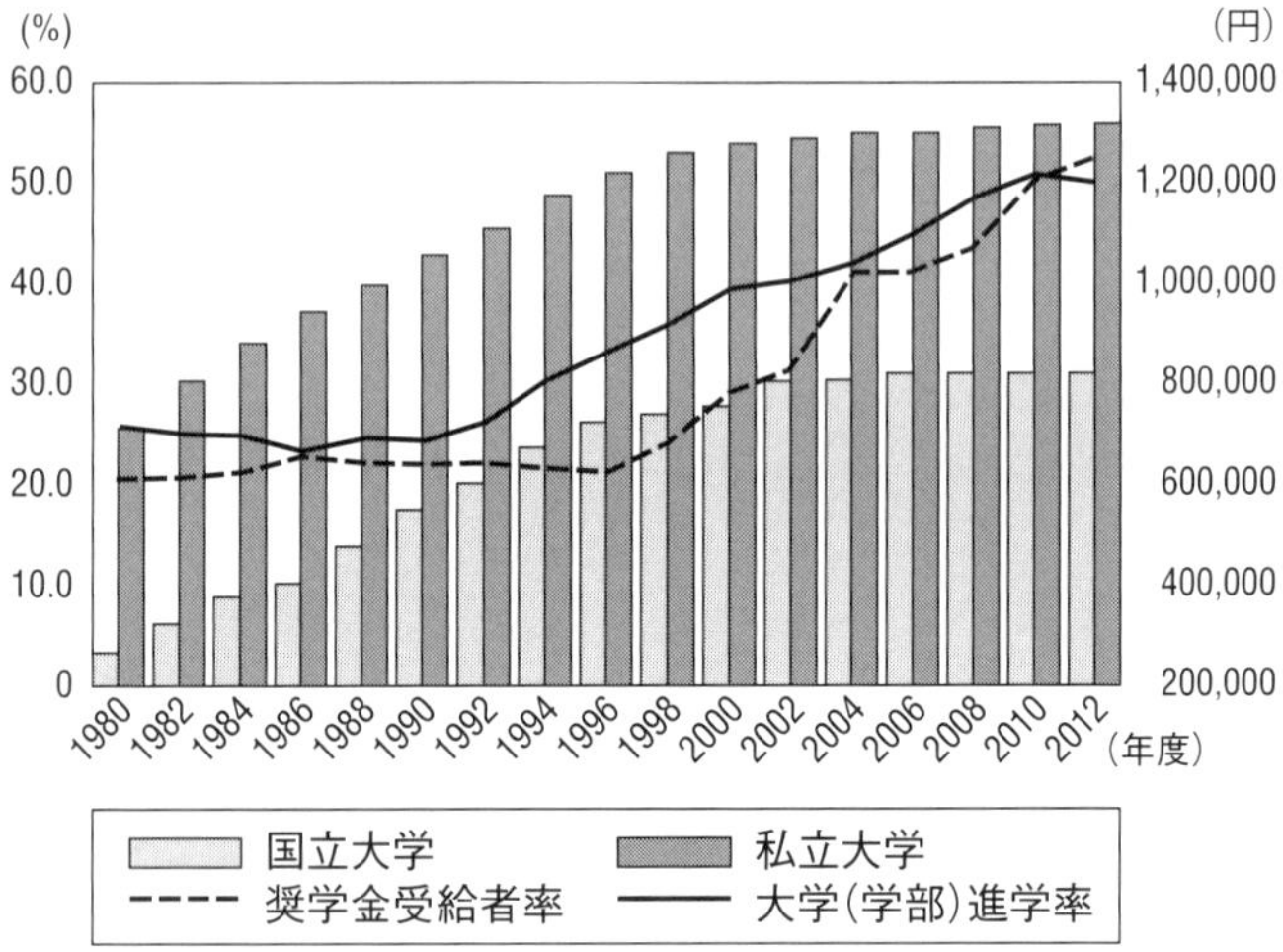

90年以降大学進学率は一貫して上昇。一方90年代まで学費が上がっても、奨学金受給率は2割台。選択制有利子奨学金の登場とともに受給者が拡大する。2008年のリーマンショック以降、受給率は5割以上に。

出典:文部科学省「学校基本調査」
大学初年度納付金(入学金+授業料)

国立　1970年　16,000円 → 2010年　817,800円

私立　1970年 175,090円 → 2010年 1,315,600円

図２　大学生の生活費の減少

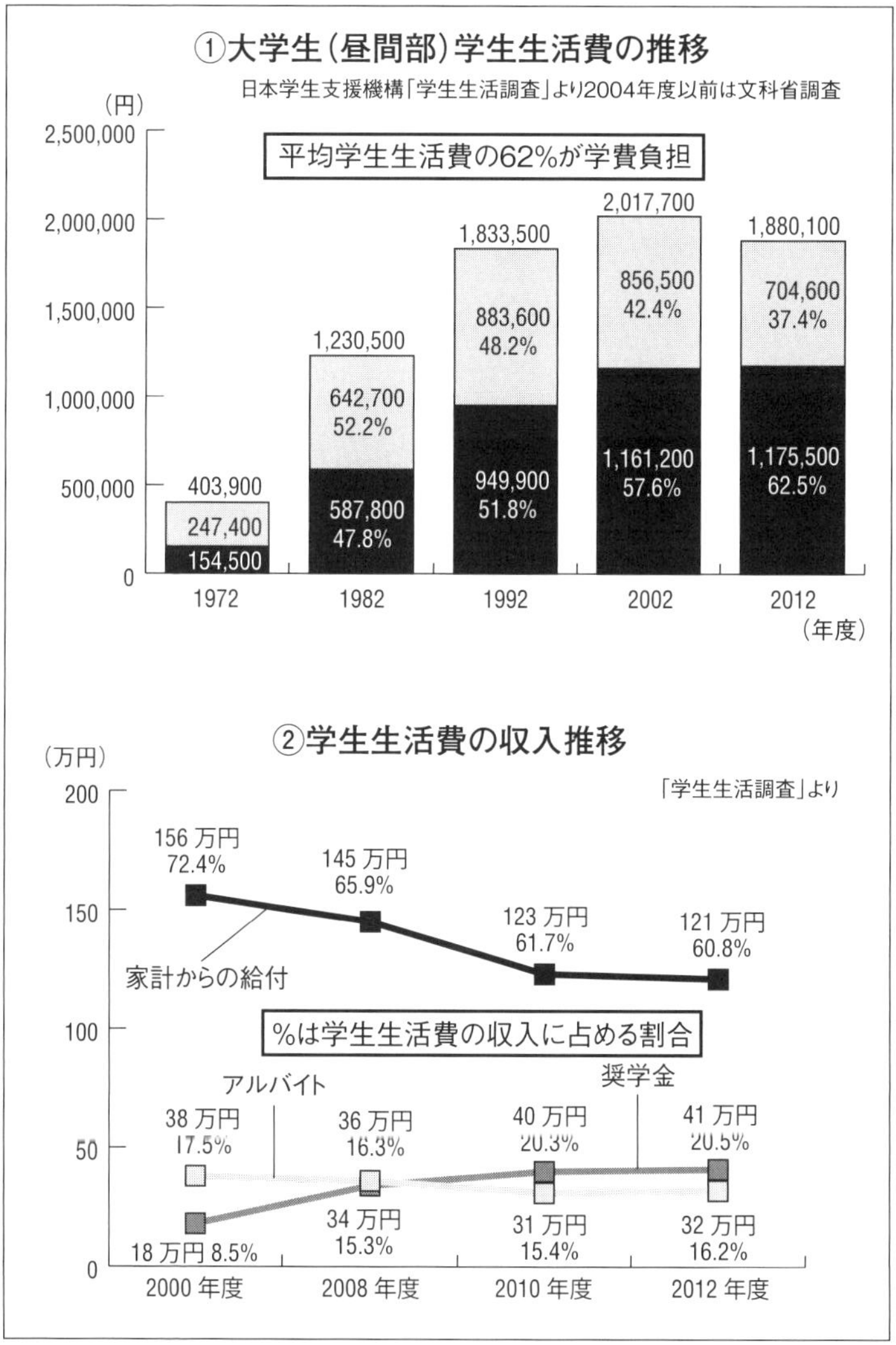

こういうきれいなグラフになります。不公平ですよね。お金のある家に生まれたからって偉くも何ともないわけですけれども、お金があると大学に進学することができて、勉強もできて、収入もある程度得られる。ところが、たまたま生まれた家庭が学費を用意できない家庭だと、働くということになる。働くのはまったく悪くないですけれども、今の私たちの社会というのは、高校卒業で働いて稼げるというのはとても厳しくなりました。昔のように、高校を卒業してある一定の仕事に就いて、そして技能を身につけてやっていけるという時代ではなくなりましたし、国家資格についても大学卒業を要求する資格がとても増えました。

学費が高くなる一方で生活は苦しいです。家計からの仕送りが２０００年は１６０万円ぐらいあったのが、２０１２年には１２０万円になったといわれています。12年間というと干支が一巡する間に学生さんの家からの仕送りが４分の３に減る、これは大変なことですね。こういうことが現に起こっているので奨学金とアルバイトでやりくりしなければならないわけです。

学費が高くなって家計が苦しいとなると何が起こるか。大学に行くには奨学金を利用しなければならないということになりますので、今学生さんの4割ぐらいが日本学生支援機構の奨学金を利用していて、すべての奨学金を合わせると半数を超える学生さんが奨学金を利用しています。私は昭和30年代生まれですが、30年代、40年代生まれの方は思い出してほしいんですが、大学でもいいんですけれども、同じクラスのなかで奨学金を借りている人は何人ぐらいいましたか。多分３〜４人ですよね。そして、その多くの方は学校の先生になりました。なぜなら、昔は学校の先生になると返還免除になったからです。今はならないです。昔はそれぐらいの割合だった気がしますが、今は借りている人のほうが多いですね。現にそのために学生さんは生活費が苦しくなっているので借金をすることになって、大学を卒業すると何百万円もの借金を抱えるのが当たり前になるわけです。

私、今日は大阪の駅から地下道を歩いて来ましたが、たくさんの若者が歩いていました。もしその若い人たちが抱えている奨学金の借金何百万という数字が、あるいは奨学金を抱えている札束が肩の上に乗っているのが目で見えたらどうなるかということを想像して来ました。みんな肩に借金の束を抱えて歩いているというふうに考えるととても怖いことだと思います。

この借金は返さなければなりません。ところが、今は働き方がとても不安定になっているので返すことができません。最近は売り手市場だといって、学生さんの求人状況が大変いいというような報道がなされていますけれども、一時的にはいいかもしれませんが、勤める先の雇用の質が変わってきて、不安定な雇用がとても多くなってきています。非正規雇用だけではなくて、正規につけたらいいかというとそんなことはないです。正規についてもなかなか給与が上がっていかないという仕事の人も増えていますし、ブラック企業も増えています。ブラック企業とは何かというと、たとえば、必要な人員の倍ぐらいを採用した上で非常に過酷なノルマを課します。ノルマを課して達成できないと部屋に呼びつけて、何人も上役がいるところで、「君はどうしてノルマを達成できないの？　自分のどこが悪かったかをいってごらん」といってそれをずっとくり返します。それで、私のここが悪かったというふうにずっといい続けると何が起こるかというと、まず精神を破壊します。そういうことをして、3年後には採用した社員が半分になるような会社が少なくありません。今の働き方というのはこういう状況がとても増えています。だから、働いたから安心して返せるという状況にはないです。

日本学生支援機構で3カ月以上の延滞者の割合を見ると、8割以上が年収300万円以下です。年収300万円というと、月々の手取りが20万円ぐらいですので、ひとり暮らしでの生活がどうにか精いっぱいという形になるので返せないということになります。そこにもってきて、先ほどいったように返せないと延滞金が積み重なっていきます。以前は延滞金は1年間に10%でしたが、2014年度からは5%になりました。それでもたとえば500万円を請求されると、延滞金が1年間に25万円つきます。そうすると、毎月2万円払っても延滞金に消えてしまって元金が減らない。これは怖いです。奨学金を利用するときは何気なく利用すると思うんですね。学生さんのときで本当に大学に合格してよかったな、あるいはこれから大学を受験するのでお金の心配がないようにということで奨学金を利用する。何気なく利用したその一瞬の出来事で、一生借金漬けになるということです。

こういう話をすると、私たちの時代も苦しかったという人がいるんです。たしかにそうなんですけど、一時期苦しいのと一生苦しいのは全然違うんですよ。一時期だったら頑張れますが、一生苦しいというのはまったく違います。延滞金がそういう問題も起こしているということになります。

それから、学生さんの負担はどんどん大きくなっています。よく奨学金に利子が付くのはおかしいという話をする人がいます。日本学生支援機構の奨学金には利子付きの奨学金と無利子の奨学金の2つがあります。利子付きの奨学金が無利子の奨学金の規模の3倍になっています。利子付きの奨学金は名前がすごくて、「きぼう21」というんですよ。負担の大きい奨学金に希望ですよ。最初にこれが導入されたときは、財政が好転したら利子付きはなくして無利子に一本化するという約束で始まりました。でも、約束は破られました。いざなぎを超える景気だというふうに発表されて、財政状況がいいといわれている時期があったはずですが、その約束に反して有利子がどんどん増えました。

　たしかに利子の負担も大きいんですが、一番大きな問題は実はもっと別な点にあります。財源を見てみましょう。無利子の奨学金の財源は、学生さんが返すお金である返還金と国の貸付金の２つで運営されていますが、利子付きの奨学金は、返還金もあるけれども、外から引っ張ってきたお金が多いです。たとえば民間借入金といって、銀行

図３　「受益者負担」の奨学金ローン化

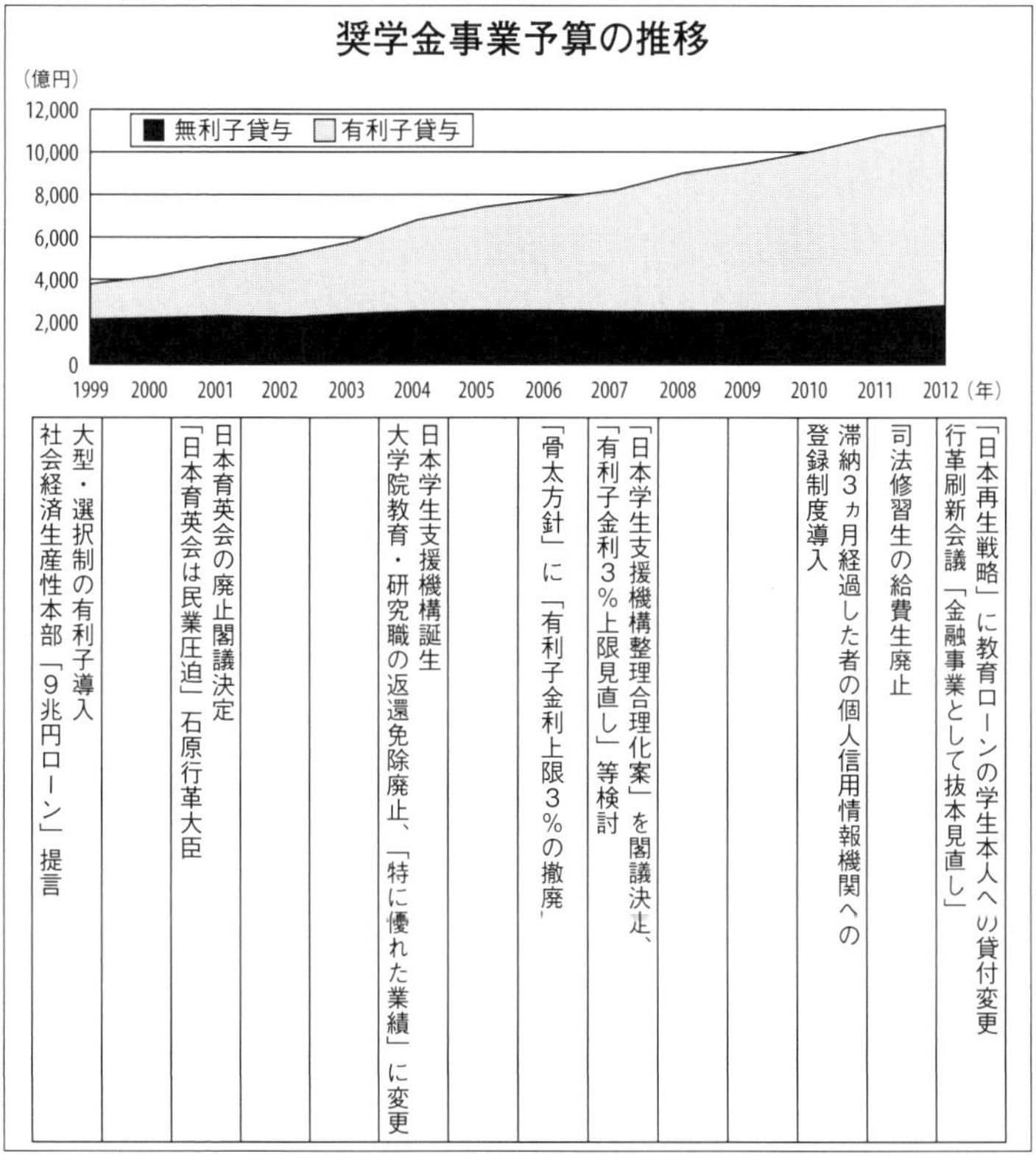

などからお金を借りています。ですから、返さなければいけないので利子が付きます。それから、財投機関債というのがあって、要は投資家向けに債権を売り出しています。債権を売り出しているのでそれに利子が付くということになります。今日皆さんおうちに帰ったら日本学生支援機構のホームページを開いて、「ＩＲ」と入れてみてください。ＩＲが債権なのですが、投資家向けに宣伝していますす。学生さんに対する説明よりもよっぽど熱心に投資家向けの宣伝をしています。宣伝文句は何かというと、これはとても安全な債権だ、優良な債権だからどんどん買って下さいと。そして、投資の評価会社がこの奨学金債権についてＡＡだという評価をしています。それから、財政融資資金というのもあって、これは公的な融資ですが、もともとは郵便局とかそういうところなので、いってみれば外部資金です。要は外からのお金で運営しているということです。

外からお金を引っ張ってくるということになると、お金を出してもらうためには回収率を上げなければなりません。そうしないと誰も投資しません。だから、無理な回収が行われているわけです。有利子の問題というのは、実は利子の負担の問題もあるんですけれども、この問題がけっこう大きいです。こういう制度でやっているということが取り立てを強化する方向に影響しているということです。

取り立ての実態

日本学生支援機構の取り立ては厳しいです。私、長年サラ金の問題をやってきたので、ヤミ金とか商工ローンと闘うのは大好きで血が騒ぐんです。１件ヤミ金の相談を受けると１００件ぐらい借りているものですから、100件ぐらい片っ端から電話していきます。ヤミ金はすごくガラが悪くて、「弁護士なんて関係ねぇよ。てめぇ、この野郎！」、そういう人たちと闘ってきましたが、日本学生支援機構とやっていると、別の意味でひどいと思います。困っている人に、規則だから仕方がないと無理な返済を強いるからです。しかも、上から目線で。

督促も厳しいです。3カ月遅れるとブラックリストに載せます。奨学金を返さないとどうしてブラックリストに載せるの？　ブラックリストに載せたらローンが組めなくなるでしょう、どうしてそんな意地悪するの？　カードも使えなくなるでしょう。今は携帯の決済やアパートの決済までカードなので、今カードが使えないとけっこう大変なんです。だから、そういうことをやったら困るでしょうというんですが、以前、日本学生支援機構のホームページのQ&Aには「奨学金を返さないとブラックリストに載るという人がいます。本当ですか」という質問があって、それに対する回答は「私たちの国日本にはブラックリストという名前のリストはありません」でした。ブラックリストというふうにいわれなくたって事故情報が載ることをブラックリストというんでしょう。それでは、事故情報を載せるのはなぜ？　どうしてそういう意地悪をするのと聞くと、それは意地悪じゃないんだ、信用情報機関に載せるのは教育的な配慮だといいます。何が教育的な配慮か、次のように説明します。もし奨学金の返済に苦しむ人が借金をしまくって多重債務者になったら困るでしょう、だから私たちはそうならないようにほかから借りることがないように信用情報機関に載せるんですと。これが彼らの説明です。

それから、4カ月遅れると何が起こるかというと、債権回収会社が出てきます。私も借金の問題を長くやっていますから債権回収会社はよく知っているんですが、以前はサラ金とかクレジットの取り立てをやっていたと思われるところが奨学金の取り立てをしに来ます。昔は彼らも何となくちょっと後ろめたい気持ちがあったと思います。サラ金というと高金利だしイメージが悪いですからね。だけど、今はお国のために取り立てをしています、そしてその資

図４　奨学金事業予算の財源変化

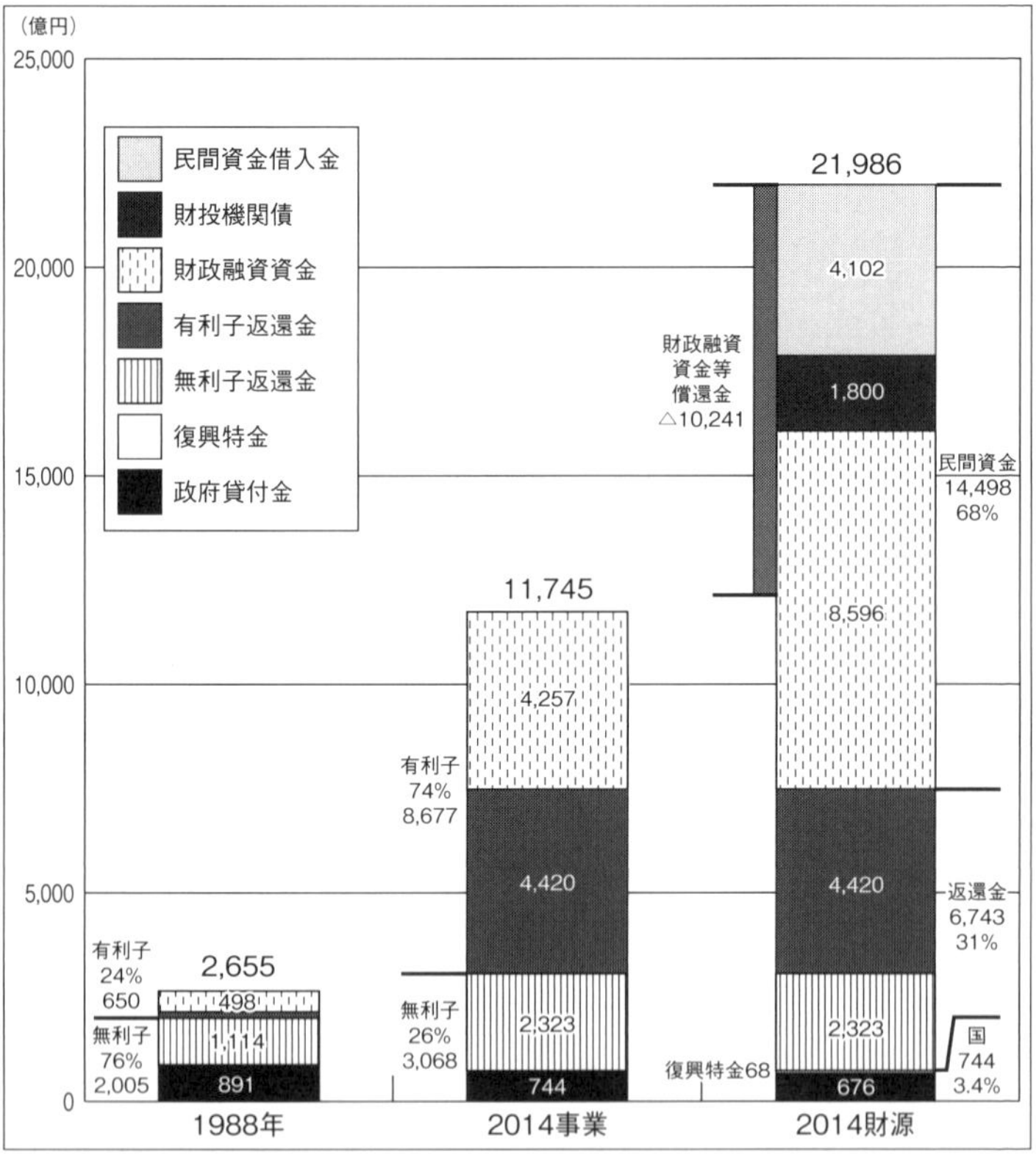

金が次の借り主である学生さんの資金になるからということで胸を張って取り立てをしています。ちなみに、さきほど延滞金ということをいいましたが、延滞金収益は彼らの回収資金になっています。

さらに延滞が9カ月になると、支払督促という裁判所を利用した手続きが来ます。もしお時間があったら簡易裁判所の傍聴に行ってみてください。昔はサラ金の取立訴訟がたくさんありましたが、今は奨学金の取立訴訟がけっこうあります。被告席に一人で座って肩を振るわせて、本当に申しわけなかったと謝っている人がいます。そして、聞いていてもできもしないような無理な返済の分割案を話して、裁判官がそれで和解を成立させましょうといってやっているケースも少なくありません。そういうような裁判所を利用した手続が増えています。

皆さん、裁判を起こされたことはありますか。けっこう怖いと思いますよ。裁判所から通知が飛んできて払えというわけだから、無理に約束するじゃないですか。勉強したいために信頼して奨学金を利用したけれど、頑張っても返せない、そういう人が、なぜ、裁判所に呼び出されて自分が悪いようなことをいわれて無理な返済をしなければならないのか、私はよくわかりませんが、そういうようなことが起こっています。裁判官は総じて利用者に対して非常に冷たいです。私が相談を受けた人でも、長年自分の家庭が安定しないで子どものころから苦労なさっていた方がいて、子育て中なので払えないということで、月々2000円か3000円しか払えないんだといったら、裁判官から、今は1日1万円働ける時代だ、そんな甘ったれたことをいうな、外でちゃんと話し合ってきなさいと怒られて、そして無理な返済案に応じてしまったという人もいました。

そして、本人だけではなくて保証人も大変な状況にあります。私の依頼者で奨学金が返せなくて自己破産した人がいます。その方も保証人への影響を考えました。お父さんが連帯保証人ですが、お父さんも取られるものは何もないから自己破産してもかまわないし、保証人の方もあまり取られるものはないということで大丈夫だと思っていたのですが、実は大きな問題がありました。彼は妹さんの奨学金の保証人になっていたのですが、その妹さんがまだ大学生だったんです。大学生だからまだ奨学金を借りているんです。彼が破産するとどうなるかというと、妹さんの保証人になっていますから妹さんの奨学金に対して保証が欠けてしまいます。そうなると別の保証人を立てなければいけませんが、途中からはなかなか立てられないです。では、どうするかというと、保証料を払ってする機関保証というのがあって、そっちに切りかえなければなりません。ところが、機関保証に切りかえるときに、奨学金から天引きされる保証料があるのですが、今まで払わなかった保証料を1回で払わないといけません。そうしないと機関保証に切りかえられない。それができないとどうなるかというと、妹さんの奨学金の貸与が打ち切られるので、それを全部フォローしていかなければならないということがあります。

実は、その依頼者は、弟さんが高校で奨学金を借りるときに、お父さんが保証人になっていたのですが、その依頼者も弟さんの保証人になっていたのです。私びっくりしたのですが、彼が弟さんの保証人になったのは自分が高校生のときです。どういうことかというと、これから奨学金を借りることが決まって大学に進学することが決まった3月に、つまりまだ未成年のときに、弟さんの奨学金の保証人にもなっていたのです。こういうことが平気で行われているということです。家族ぐるみということになります。

ここまで聞いていただいておわかりいただけましたか。返済困難は、とても自分の努力だけでは防げないのです。学費が高いです。家計は苦しいです。大学に行くとしたら奨学金を利用するしかないです。大学に行こうと思ったら、日本の奨学金はほとんどが借金です。学費が高いから何百万円の借金を抱えて社会に出るのが当たり前になります。みんな返そうと思って借ります。だけど、仕事が不安定などの理由で返せなくなる人が増えています。返済することができなくなります。この構造から、どうやったら逃れられるのでしょうか。よくこういう言い方をされます、奨学金をよく理解して使おうと。よく理解したら返済困難は防げますか。それから、必要な額だけ借りようと。では、必要な額とは一体幾らですか。高校生ぐらいで判断するときに一体幾ら必要かわかるんでしょうか。皆さん子どものころ親の家計をわかっていましたか。わかっていないですよね。そしたら気をつけようがないですね。そういう問題です。

返済制度の落とし穴

ここからもう一つだけ大事なことをお話しします。返済制度についてです。

実は、これが私たちが運動を始めたときから、一番問題視し続けていることです。皆さんは奨学金という名前の借金がほかの借金と違うところは何か、今日のお話でおわかりですね。もちろん勉強のためにお金を貸すということもあるけれども、将来の仕事とか収入がわからないで貸すわけです。たとえば私が景色のきれいなこの辺の一等地に1億円のマンションを買いたいと思って銀行に申し込むと、即座に断られます。私の所得証明を出したらこいつは払えないということがわかりますからね。要は、返せるかどうかを審査して貸すのですが、奨学金だけ違うんです。だって、将来の仕事がわからない、収入がわからないわけですから。となると、返せないかもしれないということは最初から何割かあるわけです。そういう状況で貸すのであれば、もし返せなくなったときに助けてあげる制度がなければ、これは単なるばくちです。この間集会である学生さんたちが奨学金はばくちだと正直にいってました。ギャンブルは国の法律で賭博罪といって処罰の対象になるわけですが、国が、学生さんにギャンブルをやらせているという話です。

ただ、百歩譲って、返すべきだというのであれば、困ったときの救済制度がちゃんとあればいいと思います。現にこの救済制度はある程度改善が進んできていますが、中身を見てみるとまだまだ大変なことになっています。

奨学金が返せなくなったときの救済制度の代表的なものは返還期限の猶予です。たとえば病気になったり、収入が少なかったり、災害に遭ったり、あるいは育休中などの場合に支払いが困難な人に対して先延ばしにする制度です。1年ごとに申請する制度で、目安は年収300万円以下、自営業の方の場合は経費を除いた所得が年間200万円以下、この場合に返還を猶予しますという制度です。

皆さん、この制度が根本的な救済になるとお考えになりますか。私はならないと思います。先延ばしにするだけだから。先延ばしにするとそれだけ完済の期間が延びていきます。しかも、年齢が高くなってくればいろいろなことをやらなければなりません。子育てや親の介護をやらなければならない状況になっていくとどんどん苦しくなりますから、先延ばしするのは解決にならないと思いますし、それに加えて10年しか使えないという制限があります。少し前までは5年しか使えませんでしたが、今は10年です。10年たって収入が少なかったらどうするんでしょうか。助けてくれません。これでは困りますね。昔だったら10年たったら安定した仕事が見つかったでしょうが、今は10年たったからといって安定した仕事に就ける保証はないですね。そういう問題があります。

それから、この猶予の制度は延滞があると使えません。ただ、遅れがあるときに、遅れ分を必ず全部払わなければならないかというと、そうではありません。たとえば、10年間払わなかったので遅れがたくさんあるケースで、過去にも収入が少なくて、年収が300万円以下だったので、本当は猶予を申請して、猶予を受けていれば延滞なんか発生しなかった、月々たとえば1万円ぐらいの返済で済んだという人がいます。その人がさかのぼって収入が少なかったと証明できれば、さかのぼって猶予の制度が適用されて延滞がなくなることがあります。しかし、これがなかなか使えません。所得の証明に、役所の所得証明の提出を求められるからです。非課税証明とか課税証明ですけれども、皆さん役所に行ってみてください。自分の課税証明が過去何年分とれるか。だいたい5年が限度です。長いところでも7年が限度です。ということになると、たとえば5年間は収入が少なかったことは証明できますが、6年前から10年前までは証明できません。証明できないとなると延滞が残ります。この延滞が残る部分を払わないと証明ができる期間についても猶予を認めない、こういう運用です。複雑でしょう。こういう意地悪なやり方なので、証明手段がないので救われないということがあります。こういうようなことが壁になってなかなか救済されないので私たちがどうするかということになっています。

延滞があったら使えないというのはおかしいじゃないかと文句をいってみると、実は制度の前進がありまして、２０１４年の４月から、本当に苦しい人の場合は延滞があっても猶予を認めてくれるようになりました。年収２００万円以下とか限られていますが、こういう人は延滞があっても猶予が使えるという制度ができました。「延滞据え置き型猶予」といいます。私、よかったなと思っていました。しかし、何年かやっていた裁判があるのですが、その事件で本当にびっくりすることが起きましたのでご紹介します。

Ａさんは40代の男性で北東北に住んでいます。これから寒いでしょうね。私とＡさんが知り合ったのは冬でした。Ａさんは年収30万円だといいました。月の収入が３万円ないのですかと聞いたらそうだといいました。ひとり暮らしです。一体どうやって生活しているんですかと聞くと、近所に妹さんが住んでいて農家をやっていることもあって、食料をたまに持ってきてくれるそうです。お金もたまに助けてくれるようですが、わずかなお金だと思います。これで生活しているんです。寒いので暖房はどうしているんですかと聞くと、暖房は電気毛布1枚だそうです。電気毛布が一番電気代が安い、それにくるまって寒い東北の冬を乗り越えているという方です。そして、神経的な病気を持っていて、入退院をくり返していて、だから生きていくのが精いっぱいという方です。この講座では貧困問題をやっているということですが、そのなかでもそうとう大変な人です。そういう人が日本学生支援機構から延滞金も含めて裁判で３００万円の請求を受けました。

そもそも彼が救われないのがおかしいですね。でも、彼は知識がありました。何かというと、時効です。長いことたつと払わなくてよくなるというあれです。奨学金はいつ時効にかかるかというと、返すときから10年たつと時効になります。奨学金は毎月返しますから、たとえば２０００年１月に返す分は２０１０年１月を過ぎると返さなくてよくなります。２００５年１月分は２０１５年１月を過ぎると返さなくてよくなります。つまり、返さなくてよくなる分が少しずつ増えていきます。この人は請求を受けたときはもう半分ぐらいが時効にかかっていて１５０万円しか残っていないという話をしていたら裁判を起こされました。

この裁判で彼はやはり時効を主張しました。だけど、残りの１５０万円があるので、これを分割で払いたいといい出しました。年収30万円の人が分割は無理でしょう。何で分割したいといったかというと、おじさんが保証人になっているので、おじさんに迷惑をかけたくないということです。お母さんが連帯保証人になっていますが、お母さんは生活保護を受けているので取られるものはない。おじさんには迷惑をかけたくないので分割で払いたいというほうも無理だと思いますが、これに対して、日本学生支援機構の代理人弁護士はこういうふうにいいました。Aさん、分割でいいです、分割はいいですけれども月５万円以上払ってくださいと。年収30万円の人に対して弁護士が月５万円以上払わないと分割に応じないというのはよくわかりません。そういう話をされていてAさんは本当に困ってどんどん追いこまれていきます。体調も悪くなっていきます。

彼がなぜ救われなかったか。皆さんもうおわかりですね。延滞があったから猶予が使えなかった。だけど、皆さん変だと思うでしょう。２０１４年から新しい制度ができたんでしょう、延滞があっても猶予できるようになったんでしょう、年収２００万円以下なんでしょう、年収30万円なら使えるでしょう――そうなんです。彼、使えるようになったはずなのですけれども、そのことをずっと教えてもらえなかったんです。半年ぐらい一人で書類を書いて頑張っていました。やっと私たちのところにたどり着いて、制度が変わったことを知ります。自分は収入が少ないから延滞があっても猶予を使えると本当に喜びました。それで申請をして、これで勝負あったと思いました。猶予が認められれば請求が取り下げられてそれで終わると思ったんです。

ところが、違うんです。Aさんは、2014年10月末に制度を知って、延滞があっても使える新しい猶予の制度の申請をしましたが、約2カ月後、日本学生支援機構は運用を変えました。理事長決裁、つまり理事長の一声です。どういうふうに変えたかというと、この新しい延滞据え置き型の猶予制度はこんな場合は使えないと。たとえば法的手続に入った事案、これは簡単にいうと日本学生支援機構が裁判を起こしたケースです。彼のケースです。それから、利用者が時効を主張したようなケース。彼のケースです。狙い撃ちみたいでひどいですよね。だけど、私はまだ大丈夫だと思っていました。申請したのは10月末、制限されたのは12月下旬です。時間的にまにあったと思いました。ところが違うんです。さかのぼって制限を適用するというんです。こういうことは許されるんですかね。私はこれを3年間ぐらい裁判で争いましたが、裁判官の反応は良くなかった。

何でそんなことができるんだと怒っていったら、相手の弁護士からこういうふうに返ってきました。書面だから正式な見解です。この救済制度は権利じゃない、規則には「猶予できる」、「免除できる」と書いてある。「できる」というのはしなくてもいいんだと。どういう場合に助けるか助けないかは自分たちが自由に決めるんだ、裁量なんだ、これが正式な見解です。こんなことは奨学金を利用するときに誰も教えてくれません。貸し手が勝手に変えられる制度だったら救済できませんね。これが今の現状です。だから、この救済制度は使えないというのが私の結論です。

制度を変えるしかない

ここまで見てくるとわかっていただけると思いますが、どうしたら解決できるかというと、もう制度を変えるしかないですね。少なくとも返済制度を変えてもらいたい。給付型とか無償とか大きなことをいう前に、たとえば猶予できる期間を、困っていたらずっと使えるとか、あるいは一生借金漬けにしないで、ある一定期間たったらもう返せないんだから償却するとか、それをやらないで大きなことばかりいっても仕方ないんです。

私たちの提言では、もちろん大きなこともいいます。学費を下げてもらいたいとか給付型奨学金を充実させてくれということも当然いいます。高等教育の無償化というのは実は国際人権規約に書いてあって、何年か前までは加盟国のなかで2つの国だけが受け入れませんでした。どこかというと、マダガスカルと日本です。だけど、4年前に日本もこれを受け入れました。ということは約束です。約束は守らなければなりません。しかも、国連は、可能な限り迅速かつ効果的にやらなければいけないといっています。つまり、速やかに無償化しろというのがこの条約です。これを受け入れたということはやらなければならないということです。ということなので、やれという話はします。

お金がないないといいますが、教育に対する公的な財政支出の割合を見ると、ＯＥＣＤの各国平均では国家予算の５・４％ぐらいを占める割合のお金を出していますが、日本は３・６％しか出していません。大学とか高等教育になると0・5%です。これは何位だと思いますか。OECDのなかで最下位です。最下位が毎年毎年続いているという状況なので、全然お金を出していません。普通にお金を出してくれればもっともっとよくなるという話をします。

それから、2017年度から所得に応じて毎月の返済額が変わる制度ができましたが、これも充実したものにしてくれという話もしています。今いったようないびつな返還制度はやめてくれ、少なくとも裁量で決めるなんてのはよしてくれという話もしています。しかし、なかなか進みません。そうはいっても、皆さんの後押しもあって、世論の支えもあって法律が変わりました。2017年の3月、日本学生支援機構法が改正されて、そして給付型の奨学金も導入されました。

ただ、見てみると規模が極めて少ないです。今、この給付型奨学金を受けられるのは、生活保護世帯のお子さんや社会的擁護――親の支援が受けられないお子さんとか、あとは住民税非課税世帯、そういうところから進学するお子さんが給付の対象になっています。そういうお子さんは6万人程度いますが、そのなかの3分の1の2万人ぐらいしか対象になりません。

それから、額が少ないです。2万円から4万円ですから、それだけでやっていけないから借金せざるを得ないです。ところが、借金はさっきいったように大きな負担がありますから、せっかく給付ができても借金をあわせて利用している以上はその効果はきわめて限定的になります。

それと、もともと困難な家庭のお子さんを救うといいながら、学校の推薦の要件があって、高い学習成績とか教科以外の活動で大変すぐれた成果を期待しています。これはどうでしょうか。貧困問題に関心をもっている皆さんはわかると思いますが、貧困家庭で育ったお子さんは、困難な生育環境にあることが多いです。なかなか勉強できる環境にもありません。子どもは本来、自分のことだけを考えていればいいんですけれども、親御さんがダブルワーク、トリプルワークをやって大変ですから、自分の悩みをおさえて親御さんのことを気遣うようになります。それは「大人子ども」というんですけれども、大人を気遣う大人みたいな子どもになってしまって、そういう環境のなかでは自己肯定力を育むことにも障害があるでしょうし、勉強できる環境にないことも多いですよね。それなのに、こういう高い学習成績などを推薦要件としてしまったら、困難な家庭のお子さんを救うということとやっぱり矛盾してきます。

それから、成績が著しく不振になった場合は返還を求めるそうです。これも怖いですね。だって、アルバイト漬けで自分が頑張れる状況にないですから。だったら、そういう状況を改善したうえでいってもらいたいと思うんですけれども、この給付にもいろいろ問題点があります。

ただ、給付が導入されたことは成果ではありますので、これからが大事だと思います。

それから、無利子奨学金の成績基準とか家計の基準は若干厳しいですが、この基準を満たしていても利子つきしか受けられないお子さんがたくさんいました。予算がないから枠がなかったからです。それを残存適格者といいます。そういうことがないように、基準を満たしたらすべて無利子をちゃんと利用できるようにといっています。ただ、これも数が本当に足りているのかというのは疑問があります。残存適格者は2万4000人だといってますが、高校の現場などの実感とは大きくかけ離れているようです。だいたい基準を満たして5人が無利子を申請すると1人しか通らない。それなのにこの数字は少ないんじゃないかというふうにいい方をしている人もいます。

それから、低所得者には成績基準を実質的に撤廃したというい方をします。これも単なる宣伝文句です。たしかに今までは無利子を受けるには5段階評価で平均3・5以上が必要でした。今度はたしかにその基準は撤廃されました。でも、推薦基準を見ると、非課税に加えて「特定の分野においてすぐれた資質能力を有し、進学先の学校において特にすぐれた学習成績をおさめる見込み」というのがあります。私が学生だったらまず通らないです。こういう高いハードルを課してしまったら実質的に成績基準を撤廃したといえるのでしょうか。このような問題があるので要注意だと思います。

それから、この制度の改革で私が一番憤っているのは次のことです。2017年から所得連動型返済制度というのができました。所得に応じて毎月の返済額が変わるというものです。今まで奨学金は、借りた額によって月々の返済額とか返済期間は決まっていました。たとえば、今までのケースでは月1万4400円を15年返すと。これはきついですよね。だけど、それを楽にするんだというんです。収入が少ない人、たとえば年収300万円だったら8500円にする。そのかわり、年収800万円だったら月々3万4100円にすると。これが負担と不安を減らすといわれていますが、皆さんはどう思いますか。負担は減りますか。減らないですね。なぜだかわかりますよね。だって、月々の金額が8500円に減ったら返済期間が延びるからです。誰でもわかりますよね。全然負担は減ってないです。いろんな国の所得連動型ではそうならないように、最長の返済期間、たとえば30年とか、65歳を過ぎたらもういいよとか、償却の時期を決めます。だけど、私たちの国だけ決めませんでした。一生借金漬けです。法律の改正がまにあわないという理由からです。まにあわなければじっくり議論して良い制度にすればいいいんだけれども、急いで導入しました。今年からの導入ありきでの議論でした。

なぜかというと、私は、所得を把握するときにマイナンバーを使いたかったからだと思います。

マイナンバーはいろいろ問題点が指摘されていて、ちゃんと運用すればいいところもあると思います。北欧なんかはそうですからね。たとえば、私たちは、税金の申告時期に仕事の合間に一生懸命申告しなきゃならない、何で税金を払うためにこんな仕事をしてるんだと思うのですが、北欧ではその必要はなくて、税金を払う時期になるとあなたの税金はこれだけだという手紙が来て、それに問題がなければサインして返せばそれで終わりです。それができるのはプライバシー、個人情報に対する管理がきちんとできているからです。私たちの国はまだできていないのに導入してしまいました。だから、いろいろな問題点があるので、どこかでマイナンバーの利点や問題を実験したいという気持ちがあると思います。奨学金の市場は大きいので、私はこれは壮大な実験場だと思っています。そのために早期に導入して、見切り発車だったので最長の期間を決められなかったのだと思っています。

それから、この所得連動方式では、低所得者にも返済を求めます。年収300万円以下の人は経済困難だから本来は猶予を受けられるのでしたね。なんで経済困難な人に払わせるのが所得連動なんですかね。いろいろな国では所得の基準を設けてそれ以下だとだいたい払わせません。ところが、日本の制度だけ経済困難な人に対しても払わせる所得連動型というおかしな制度になりました。

きわめつけは、非課税の人にも毎月2000円ずつ返させる点です。2000円というと大したことないように見えるかもしれませんが、非課税の人ですよ。税金がかからない人にも奨学金だけは払わせると。さらに、収入がゼロの人の返済額も2000円です。これは国の制度ですよ。収入がゼロの人がどうやって2000円を返せるのでしょうか。

制度設計者は、私が嘘をいっているといいます。低所得者に返させることなんかない、猶予という制度があるから救われるんだといいます。でも、皆さん勉強しましたよね。猶予には期間制限がある、延滞があると使えない、裁量で制限される。ということは、この人たちは事実上返済を強いられます。それを何度いったってわかってくれません。

さらに問題なのは、月々の返済額を決めるときの所得というのは本人の所得だけじゃないんです。たとえば結婚して被扶養者になったとすると、扶養する配偶者の収入も考えて決めるんです。契約してもない配偶者の収入が何で影響するのでしょうか。私にはさっぱりわかりません。だけど、こういうふうにいう人がいました。そうしないと、返したくないものだから収入をゼロにしようと思って主婦になる人が増えてしまうがないと。今そんな余裕のある人がいるんですかね。貧困の問題をやっている皆さんはわかりますね。本当に苦しい家庭は外に出て働くことができません。なぜか。経費のほうが多くかかるからです。そんなことが全然わからない人たちによって、制度設計がなされました。

救済のための手段

さて、奨学金の問題を扱うときに問題の深刻さを理解していただくと同時に、大事なことは、そうはいってもどうやったら救済されるのかということを知るということです。日本の教育はとてもいいところがあるのですが、1点だけよくないところがあります。何かというと、「頑張れ」というんです。頑張ればできないことなんかないよと学校の先生は平気でいいます。実際は、この世の中できないことばっかりなんですが、そういうふうにいいます。肩を組んで「若者たち」かなんか歌って頑張ろうぜみたいなことをやる。そういうことをすると何が起こるかというと、うまくいかなかったときに自分が悪いと思うんです。そうじゃないんですよね。本当は、困ったときの対処方法こそを教えるべきです。

先ほどいったように、猶予という制度は延滞があると使えなくなるから早く利用することが大事、これはまず覚えておくべきです。そして、日本学生支援機構のナビダイヤルという相談センターがありますが、そこに電話をして助けてもらおうと思ってもうまくいかないことが少なくありません。まずつながらない。なので、休んで有休を取ってやらなきゃいけない。だけど、パートの人などは収入が減っちゃいますね。ようやく電話がかかっても要領を得ない。何で要領を得ないかというと、相談窓口の人たちは全部外部委託だから複雑な制度の詳細までよくは知りません。なので、通り一遍なことしかいいません。私が電話をしてもなかなか話が通じません。説明をして「わかる人を出して下さい」と頑張ると、本当にわかる人が出てきます。それまでの戦いです。だから、この救済制度というのは生活保護と同じで勝ち取るものだと思っています。辛抱強くやる、しつこくやることが大事です。

それから、先ほどの時効制度を使うというのもあります。最後は自己破産を上手に使うということです。返済期限から10年経過すると随時時効にかかってきますから、時効にかかっているので払いませんという通知を出すというやり方があります。ただ、時効というのは、非常に難しい制度です。だから、長いこと払っていなくて、たとえば元金２００万円に対して、延滞金が同じ２００万円ぐらいついていたら、ひょっとしたら時効にかかっているかもしれないということで素早く法律家や法テラスに相談してください。なぜかというと、落とし穴があるからです。たとえば借金を認める行為をすると時効がいえなくなります。さっき10年で時効は完成するといいましたが、進行している期間の間に支払うなどするとそこで時効が一回止まります。そして、そこから10年たたないと時効が成立しない、これを時効の中断といいます。

一番大きな問題は、完全に時効になっていても、普通の人は時効なんてわからないことです。だから、借金を認めて払ってしまう。日本学生支援機構に連絡したら、少しずつでも払ってくださいといって金額が白紙の振込用紙を送ってくることがあります。自分が払う金額を書いて払うと、時効が成立しているのを知らないで払ったとしても、借金を認める行為、債務の承認というのですが、これをしたといわれて、後から時効だとわかってももういえなくなります。そういう裁判例が昭和41年の最高裁の判決であります。時効になっているのに時効を主張しないで借金を認める行為、たとえば支払ったりすると、相手方はその人が時効をいわないというふうに思うんだと。時効を主張しないで払う行為というのは時効と矛盾するんだ、だから一回借金を認める行為をしたら、あとは時効をいえないよという判決があります。

特に、日本学生支援機構の場合は気をつけることがあります。延滞9カ月になると裁判を起こされるといいましたが、その場合、支払督促という簡単な督促状が裁判所から送られてきます。督促状に対しては2週間以内に異議を出すことができます。異議申立用紙もついてきます。異議申立用紙にはこういうふうに書いています。今後どうするのか、本人のいい分ということで、分割払いを希望するという欄があります。たいていの人は一括で請求されているから、時効なんて知らないから分割で払いたいと思いますよね。だから、そこにチェックをしてしまいます。そして、月々いくら払いたい、5000円払いたいとか書いてしまいます。もうおわかりですね。分割で払いたいというのは借金を認める行為です。だから、その後は時効がいえなくなったりということがあります。

それから、支払督促に異議を出すと、今度は普通の裁判に移行して裁判の期日が決まります。期日が決まると間髪いれずに日本学生支援機構は事情書というのを送ってきます。今までどうして返せなかったのか、今どういう生活をしているのか、これからどうしていこうと思っているのか、事情を書いて出しなさいという書面を送ってきます。そのなかに自分が今働いているところの給料明細をつけろといってきます。多くの人は、分割払いに応じてほしいから事情書を書きます。するとどうなるか。月々いくら払いたいと思いますと書いてしまうと借金を認める行為なのでもう時効がいえなくなる、こういう仕組みです。しかも、給料明細を出すと職場を知られてしまいます。職場を知られるとはどういうことかというと、払えという判決が出たら給料を差し押さえることができます。そういうような落とし穴がたくさんあります。

ですから、時効にかかっているかもしれないと思ったら不用意な対応をせずに専門家のところに行ってください。私のところに来て救われたケースも、そういう話をした人が気がついてくれて、何もしないでとにかく弁護士のところに行けといって、通知を出して救済されたケースがほとんどです。

それから、最後は自己破産です。自己破産を躊躇する方がいるかもしれませんけれども、私が最終的に解決しているほとんどのケースは自己破産です。なぜかというと救済制度がなかなか使えないからです。だけど、いろいろな誤解があって使わない人が多いです。たとえば選挙権がなくなるんじゃないかとか、そんなことはありません。それから、戸籍謄本に載って就職とか子どもの結婚に影響が出ませんかと。これもありません。それから、会社にわかるんじゃないかと。これも違います。むしろ放っておいたら、向こうが裁判を起こして、判決に基づいて給料を差し押さえられれば、会社に分かってしまいます。速やかにやらなければいけないのですが、いろいろな誤解があります。

破産という手続は、借金を返せなくなった人がその人の財産で金目のものをお金に変えて返すかわりに、残った借金を免除する制度です。

よく皆さんが心配するのは身ぐるみはがされるんじゃないかということ。しかし、そんなことはありません。たとえば東京の運用では、現金は99万円まで保有することができます。預貯金は全部合わせて20万円までとっておくことができます。それから、積立型の保険で返ってくるお金が全部合わせて20万円以下であればとっておくことができます。それから、20万円以下の評価の車だったらとっておくことができます。

たとえばこういう人がいます。私、子どもに学資保険をかけていて、返ってくるお金は60万円なのでこれは解約しなきゃいけないんですかと。そういう人については、いろいろな事情を考慮して特別にとっておけるという決定を裁判所が出すことがあります。そういうような制度もあります。ですから、まったく冷たい制度ではないのでちゃんと法律家に相談することが大事だと思います。

それから、自己破産では、奨学金の返済を免れることもできますが、奨学金以外にも借金を抱えていて、その原因が褒められないもの、たとえばギャンブルや浪費で借金をつくってしまったなどは、借金をなくす決定、これを免責許可決定といいますが、それを出さなくてもいいという理由にはなっています。しかし、不許可の理由があっても裁判官は、その人のことを総合的に考えて最後は裁量で免責を出してくれることがあります。嘘をつかないで手続を誠実にやれば免責許可が出ることのほうが多いです。

これらを覚えていただいて利用するということがとても大事です。ただし、先ほど申し上げたように、破産をしても保証人には影響がありませんので、保証人の責任は残ります。ですから、保証人も、状況によっては破産手続も含めて、いろいろな対処を考えなければなりません。しかし、私の場合は、保証人がいてもほとんどの場合、本人が払えなければ破産を勧めています。なぜかというと、破産をしようがしまいが本人が払えなかったら保証人に請求が行きます。本人が返せないのに無理をして返済を続けていくと延滞金が膨らみます。延滞金が膨らんで保証人に請求が行ったときには大変なことになっているケースもあります。ケースによりますけれども、保証人に早く対応してもらうということもある意味では親切になる場合もあるので、そういうことを考えながらやりくりをしていくことになります。

いずれにしても、こういうことをちゃんと伝えていかなければならないと思っています。今度ファイナンシャルプランナーなどがこういう奨学金についていろいろ説明するという制度ができましたが、一番大きな問題は、困ったときの救済制度や限界をちゃんと教えられる人かどうかということです。何よりも大事なことは、奨学金を返せないのは、自分だけが悪いのではないということをきちんと伝えるということです。みんな自分が悪いと思ってなかなか次に踏み出せないのです。助けてといえない。だから、きちんと救済制度がありますといってもみんな無理して返そうとします。バッシングもありますよね。奨学金で大学に行けたという気持ちもあります。それから、破産するというと、家族からやめろといわれる。特に学生さんは、我が家の恥をさらすのか、おまえそんなことやったらこれからいろんな生活の面倒は見ないぞといわれると躊躇します。これがなかなか難しいところです。返せないのは別に自分だけが悪いのではないということをよく理解していただくということが救済の現場ではとても重要です。

耐える「強さ」を、変える力に

最後に、関西学生アルバイトユニオンの皆さんの運動のキャッチフレーズを紹介します。『耐える「強さ」を、変える力に！』

日本人は頑張ることになれてしまっているので、本当にどこまでも頑張ります。NHKの番組で母子家庭の奨学金のことをやっていました。大学か専門学校に行こうと思うんだけれどもお金が用意できない、奨学金が出るけれども4月からだから一時的なお金が利用できないというのをどうにかやっと解決して、親子でこれから頑張っていこうねというところで番組が終わっていました。私、あれを見て、お母さんが保証人になっていないかなと心配しています。機関保証にしたのだろうかと心配しています。すでにお話ししたように、保証人がいると、迷惑をかけられないとして、自己破産を躊躇して、無理な返済を続けることがあります。

だけど、その背景には、やはり日本人が頑張り過ぎることに慣れさせられてしまったことがあると思います。日本人は過労死になるまで頑張りますよね。東日本大震災のときにドイツのテレビが来て震災の避難所を映していて、日本人はすばらしいとやっていました。こんなに大変な状況にあるのに日本人はパニックにならずに、暴動も起こさずにちゃんと列に並んで礼儀正しくやっているんだと。そうだと思います。そこはいいところだと思います。だけど、頑張り過ぎじゃないですか。これはやっぱり考えなきゃならないと思います。こんなに頑張る力があるんだったら、後でお話しいただく関西学生アルバイトユニオンの学生さんたちがいうように、ちょっと変える方向に考えてみたらと。それは運動論でもあるけれども、救済を求めている人に対して、よく頑張ってきたよね、こんなに頑張ってきたなら、自分の人生をちょっといい方向に変えるほうに甘えてみてもいいんじゃないといいながら私は相談活動をやっていますが、実は制度側の問題ばかりいってきましたが、実は私たちのなかに頑張り過ぎるという意識がどこかにあるんじゃないでしょうか。

私のなかにもあります。本当は頑張るのは大きらいで、紛争なんて大きらいで、何で弁護士になったかなと思うことがあります。毎日毎日電車に乗るのが嫌なときがあって、そういうときは、都心行きの電車ではなく、反対方向の電車に乗る理由がないかとグズグズ考えてから、気力を振り絞って仕事に行くことがよくあります。皆さんもきっとそうですよね。けれど、最近はあまり我慢しないことにしました。どうしても休みたいときは休んで、私の予定を書くホワイトボードがあるんですが、そこに「ずる休み」と書いたりします。すると、事務局さんがちゃんと有給休暇をとってくれるようになったようにも感じます。まずは、自分たちが、頑張り過ぎないで、少し脇の甘いところを見せる。もしかすると、それが運動の大きなヒントになるのではないかと、自分に都合よく考えています。

コラム　大学生の奨学金・アルバイトについての実態報告

奨学金のために授業を休む?!

かんユニ1　私たちは関西学生アルバイトユニオンです。「かんユニ」と略していまして、かんユニの活動に参加して思ったことを述べます。

まず、ユニオンというのは、そもそもよりよい職場環境や待遇を求めて雇い主と交渉できる場になっていまして、これは2人から結成が可能です。

それから、これが重要だと思うのですが、違法な環境や待遇に対する改善要求だけではなく、合法だけれども働きづらいことに対しても変えていこうという団体交渉などをすることができます。

次に、奨学金ですが、教育の機会平等のためにできた給付型の制度を指すというのがもともとのもので、たとえば民間財団奨学金制度は給付型ですが、これにも問題があります。私は、民間財団の奨学金制度を利用していますが、まず成績優秀者でないと利用できません。常に上位3分の1の成績でないとだめで、落ちてしまったら、そこではじかれます。集まっていた友人がその成績から外れてどんどん減っていきます。ですが、上位3分の1というけれども、大学によって数字の分母がまず違います。大学自体の学力レベルもそれぞれ違います。また、学部によっては難しいところもあります。そう考えると、不思議だなと思います。

それから、民間財団の奨学金はいわゆる体育会系が多いです。年に5～6回イベントがありまして、そのイベントはよほどの事情がない限り授業を休んで出なければなりません。授業に行くためにお金を借りているのに、何でお金を借りるために授業を休むのでしょうか。

ブラックバイトの実情

本題に入りますが、関西学生アルバイトユニオンの活動内容ですが、主に相談、交渉で、実際に学生の相談を受けて問題を解決します。それから、調査、研究も行います。問題をただ解決するだけではなくて、アンケートの実施や、その背景をたどって考える学習会を行っています。

これらを通じて、自分のアルバイトの仕事内容や労働環境を見直すことができます。実は、相談者に負けず劣らずの働きにくさがアルバイトユニオンのメンバーの私にもあります。ある薬局で働いてますが、そこがなかなかいやらしい会社でして、まず未払い残業があります。それから、監視カメラがあって、防犯用といってますが、実際は防犯というよりはスタッフを監視するためのものです。スタッフがてきぱき動いているか——小走りじゃないとだめです。小走りで動いているかどうか、レジでセールストークをちゃんといっているか、笑顔やアイコンタクトを見るために、狭い店のなかに8カ所ついています。

それから、従業員ランキングというのがありまして、先ほどの監視カメラで抜き打ちチェックをされます。それは従業員のランキングに反映されます。毎月、従業員の着がえのスペースに張られるんですが、それは別に給料に反映することでもなく、ただ競争心をあおっているわけです。下位3位になるとペナルティーとして、店頭で呼び込みをしなきゃいけないというペナルティーだけがあってご褒美はありません。

それから、最近びっくりしたのは、万引きした人の写真を従業員のスペースに貼っていますが、その写真にちょっと問題があって、ベトナム人の写真ばかりなんです。理由を見たら、最近まで中国人による万引きが多かったんですけれども、それを上回る勢いでベトナム人の犯罪が増えたので貼りますと書いてありました。これは差別につながるんじゃないかと思ったら、差別を防ぐために貼りますと書いてあるんです。でも、あれを見ただけだと、ベトナム人は万引きするかもしれないから気をつけなきゃいけないんだという考えを助長させると思いました。

借金を背負って社会に出る

次に、大学と貧困――負のスパイラルで、岩重先生がおっしゃっていたことが現実にあって、私の場合は、民間で給付型の奨学金をもらっているのと、その一方で無利子の奨学金を借りています。卒業後には約250万円の借金を背負って社会に出ていくことになります。無利子の奨学金を借りるときに、母の頑張らなきゃいけないという精神に私ものっとって連帯保証人にしました。そのときにおじの家に行ってお願いするんですけれども、ふだんどれだけ仲がいい人でももしかしたらかわりにお金を払ってもらうかもしれないということになると一筋縄ではいかなくて、私の場合は、本当に泣きながら土下座してお願いしました。連帯保証人になってくれ、大学に行けないからお願いというふうにいいました。

それから、申請書に自己PRの欄があるのですが、その自己PRは自分の長所を書くのではなくて、自分がどれだけ貧困か、いかに貧困かということを書かなければなりません。うちの両親は家の家計事情を私に伝えないので、そこで初めてうちの家計がどれだけひどいかということを知ってショックを受けます。うちの場合は母が病気なのでパートができず、一方、父が不当解雇にあって就職活動しながらパートで何とか食いつないでいるということをそのとき初めて知らされて、やっぱりショックでした。

これ以上お金をとらないで

最後に結論ですが、かんユニの活動に参加して思ったことが二つあります。一つは、最も身近な社会問題として取り組めるということで、選挙で学生のための政策を実現してほしいということを思います。先ほどもありましたけれども、私たちが我慢したり、諦める必要はどこにもないと思っています。最近の選挙でも腹が立つなと思ったのは、消費税を10％に上げてそれを教育費に充てますということがありましたが、これ以上私からお金を取らないでということを一番いいたいです。そもそも教育費を削ってきたのは誰やということもあります。

二つ目ですが、個人の努力不足ではなくて、社会の構造に問題があるということに気づけたことが私にとっては一番大きいことです。小さいころから親に無駄遣いし過ぎやと怒られてきました。大学に入ってからはバイトで働いて稼がないとというふうに思ったし、奨学金を借りていない友人が買い物をするのを見て正直いらっと来てしまったことも私はありました。成績が落ちたのも私が悪いんだなと思ったこともあるし、そもそも国公立大学という安いほうの大学に入れなかったのも私が悪かったんだなと思ったんですけれども、かんユニに入っていろいろ社会の構造を勉強して初めて、そもそも消費することを求められる社会にいるんだなということや、親の貧しさは子どもに連鎖してしまうということとか、学びたいのにバイトや家事や、あるいは今の私がそうですが祖父母の介護とかで、学ぶよりもまずは働く状況に置かれているということが見えてきました。

今日の講演にさえ来られない私よりもっとひどい状況の友人もいるので、一日も早い問題の解決を私は望んでいます。

かんユニに加わって

かんユニ2　私は奨学金やバイトは未経験なまま今大学1年生ですが、かんユニに入って半年ぐらいたつ体験を話したいと思います。

私は今まで、自分と人は一緒なのが当然だと思って生きてきたのですが、かんユニに入って、バイトを普通にすることができないとか、ブラックバイトに引っかかる人も多いということで、それを知ることができたことがまずよかったと思っています。

私は社会学部ですが、友人にブラックバイトの話とか奨学金の話をしてみたら、本人は今借りている段階で返しているわけではないから、奨学金に対する意識は低いし、バイトもそれなりに人間関係がうまくいってるからいいかなという人とか、未払い賃金もそこまで気にしないという人も多くて、私みたいに法律だの理論的なものばかり押し付けてもしようがないんだなということを実感したのですが、それをいかに身近に感じてもらえるかということをかんユニとして今後やっていきたいと思います。法律だけ知っていてもしようがないし、あらがえる方法を考える機会を提供できるような存在になれたらと思っています。

第3章

住むことだって、大変だ

――住まいの貧困（ハウジングプア）を考える

稲葉剛（立教大学大学院21世紀社会デザイン研究科特任准教授・一般社団法人つくろい東京ファンド代表理事）

稲葉剛（いなば・つよし）　1969年広島県生まれ。1994年より路上生活者を中心とする生活困窮者の支援活動に取り組む。著書に『ハウジングファースト』（共編著、山吹書店、2018）、『貧困の現場から社会を変える』（堀之内出版、2016）、『生活保護から考える』（岩波新書、2013）、『ハウジングプア』（山吹書店、2009）など。

住居を失うことがきっかけでおきた事件

今日は「住まいの貧困（ハウジングプア）を考える」ということで、全国的に広がっている住まいの貧困の問題についてお話をさせていただきます。ただ、私自身が活動しているのが東京、首都圏が中心になりますので、関西、大阪の状況とは若干違うところもあるかと思いますが、その点についてはご容赦いただければと思います。

まず、この住まいの貧困の問題を考えていただく上で一つの事件を思い起こしていただければと思います。ご存じの方も多いと思いますが、２０１４年9月24日、千葉県銚子市の千葉県の県営住宅で母子心中未遂事件が起こりました。43歳のシングルマザーの母親が13歳の中学生の娘さんを絞め殺してしまう。そして、自分も死のうと自殺を図ろうとしていたところを発見されて逮捕されたという事件です。その後わかったのは、実はこの9月24日というのは、このご家庭がずっと県営住宅の家賃を滞納していて、最終的に裁判にかけられまして、その裁判の強制執行が行われる日でした。逮捕後に母親は、このまま県営住宅を退去してしまったらホームレス状態になってしまう、家を失っては生きていけないと供述していたということです。自分が娘とともに住まいを失ってしまうという恐怖と絶望から自暴自棄になって無理心中を図ろうとしたのでしょう。娘さんを殺すのに使ったのは、事件の数日前、中学校の運動会で娘さんが使っていた赤い鉢巻きでした。運動会の様子を母親がビデオに撮っていたのですけれども、その鉢巻きを使って娘さんを絞め殺した。最後にもう一度その運動会のビデオを見てから死のうと思っていたところ、そこに裁判所の補助業者の方が来られて発見されたということです。

なぜこうした悲惨な事件が起こってしまったのか。事件後、首都圏の法律家の方々を中心にして調査団が組まれまして、千葉県と銚子市の対応に問題はなかったのかということで検証を行いました。現地調査等も行って、その報告は『なぜ母親は娘に手をかけたのか』（旬報社）というタイトルで書籍化されています。

もともとこの母子家庭は、元夫がかなり借金をこしらえていました。夫の多重債務が原因となって離婚をして、母子は県営住宅で暮らすようになった。ただ、元夫のつくってしまった借金の連帯保証人になっていたため母親が返済をし続けていました。本来であれば、この時点で法律家や法テラスに相談をして、借金の整理や自己破産などの手続を法律家のアドバイスのもとに行っていればこうしたことにならなかったのかもしれませんが、恐らくそうした情報もなかったのでしょう。借金を返し続けていて、最終的にやりくりができなくなってヤミ金に手を出してしまったということのようです。

母親は、パートで学校給食センターの仕事をしていて、月10万円ほどしか収入がなかったようです。しかも、学校の給食センターの仕事ですから、夏休みや春休みになると仕事がなくなってしまう、非常に不安定なワーキングプアだったということです。しかも、娘さんが中学に入学したときに制服代や学用品代がかかってしまって、それからさらに借金が膨らんでしまったということがわかっています。

このご家庭が暮らしていたのは千葉県の県営住宅です。大阪でも府営住宅、市営住宅等がありますけれども、そもそも公営住宅というのは低所得者向けの制度としてつくられたものですから家賃の減免制度があるはずです。特に入居した後に生活が苦しくなって所得が低くなれば、それに応じて家賃額が変わります。当然この千葉県の県営住宅においても家賃減免制度というのがあって、この家賃減免制度が適用されていれば家賃はかなり安くなっていたということが想定されます。恐らくこの家賃減免制度が適用されていたら、強制退去まで至ることはなかったのではないかといわれています。ところが、その制度がきちんと周知されていなかった。

実は後でわかったのですが、県は家賃の督促は行っていたのですが、千葉県の住宅課の職員は一度もこの現場に行っていません。なぜそういうことになっていたかというと、実は家賃の督促を外部業者に委託していたということがわかりました。外部の事業者が現地に行って家賃の督促を機械的に、請求書をドアに挟むとかということをやっていたのでしょうけれども、その業者に任されている業務内容は、単純な家賃の督促です。本来ならば、そうしたときに県の職員が現地に行って、そんなに家賃が払えないぐらい生活に困っているのなら、たとえばこういう家賃の減免制度がありますよという福祉的な対応・相談を行うことによって制度につなげるということが行われてしかるべきだったのですが、業者の方はそうした部分まで委託はされていませんので、単純に家賃の督促をくり返して、そのまま一定期間が過ぎたら自動的に裁判にかけられてしまったということになります。

その一方で生活保護については市の福祉課の担当になります。では、銚子市の福祉事務所はどうだったのかというと、実はこの母親は2度生活保護の相談に行ったことがわかっています。2回目は、事件の起こる1年前の2013年に相談に行っています。もともとはこの母親が国民健康保険料を払えないということで、銚子市市役所の保険課に相談に行きました。その際に保険課の職員が、そんなに困っているなら生活保護の窓口で福祉のほうで相談してみたらどうですかとつないでくれた。この対応自体は非常に適切な対応だったと思います。そこで、福祉課に相談をしたけれども、そのなかでどういうやりとりがあったかの記録が残っていません。私たちは恐らくここで水際作戦が行われたのではないかと疑っています。

水際作戦とは、生活保護の窓口に来た生活困窮者に対して、職員が「あなた、まだ働けるでしょう」、「まだ若いからだめですよ」等といって、申請を断念させる行為をいいます。法律に基づかないことをいって追い返すことも多く、残念ながら全国各地で多発しています。本来、福祉事務所は窓口に来た生活困窮者の生活状況を把握し、生活保護の申請を促す責務があるのですが、銚子市では適切な対応が取られていなかったのではないか、という疑いがあります。

この一連の経緯を見るだけでも、県の住宅課、市の福祉課、それぞれで様々な問題があるのではないかと考えられるのですけれども、同時に、私はここに行政の縦割りの問題もあると思っています。この場合、住宅については千葉県の住宅課が担当して、福祉・生活の支援については銚子市の福祉課が対応しているということで、両者が全く情報の交換等を行っていなかったということがわかっています。

この母親は適切な支援につながらないまま、最終的に強制退去の日を迎えてしまいました。そして、このままでは家を失ってホームレス化してしまう、もうどうすればいいかわからないという絶望的な状況のなかで自暴自棄になり、事件を起こしてしまったわけです。

皆さんにぜひ知っていただきたいのは、実はこうした住居の喪失——皆さんもそれぞれ家で暮らしていらっしゃると思いますが、その住まいを失うことが引き金となって様々な事件が起こっているということです。多くの場合は、絶望した方が自ら命を絶つケースが多いのですけれども、なかにはごく少数ではありますけれども、事件を起こして加害者になってしまう方もいらっしゃいます。

いくつか例を出しますと、２０１４年には京都市のホテルにおいて、40代の男性が妻と中学３年生の息子を殺害するという事件がありました。この家族も、大阪市内のアパートを強制退去されたばかりで、家賃滞納して追い出されてお金も家もなくなったという経緯があり、父親が絶望して事件を起こしてしまったのではないかと推察されます。

また２０１５年６月には、杉並区在住の71歳の年金生活者の男性が東海道新幹線のなかで放火をして、小田原駅付近で緊急停車になった事件もありました。その男性は死亡しましたが、巻きぞえで乗客１人も亡くなりました。この事件については、加害者である男性が亡くなっているために詳しいことはわかっていませんが、後の報道において、この方が生活に困っていて杉並区の区議会議員に相談していて、そのなかで家賃が払えない、貯蓄もないというふうに生活困窮を訴えていたということがわかっています。

「住居を失う」ことで失うもの

私は、90年代半ばから、当初は路上生活者、その後、ネットカフェ難民の方も含めて、幅広い生活困窮者の相談・支援に携わってきましたが、そのなかで特に住まいを失った生活困窮者の相談を行ってきました。相談をするなかでたくさんの方々のお話を聞いてきましたが、そのなかで住まいを失う、住居を喪失するというのは、その当事者にとって何を意味するのかということを考えてきました。

住まいを失うというのは、当然、生活の拠点がなくなるわけですけれども、実は影響はそれだけにとどまりません。

たとえば、住まいがなくなると仕事探しが困難になります。皆さんも就職活動をされたご経験があると思いますが、就職活動するときにまず履歴書を書きますが、履歴書には名前、生年月日、そして住所を書きます。ところが、住まいがなくなってしまうと履歴書に書く住所がなくなってしまいます。それから、具体的に求職活動して面接をしてという過程のなかで住民票を出してくださいといわれます。その際に、住所がない、住民票がないとなると、事実上、企業側から断られてしまう。就職活動の入り口の段階で門前払いされることになります。

しかも、2016年からマイナンバー制度が導入されたので、今では多くの企業が従業員を雇うときにマイナンバーの提供を求めます。ところが、マイナンバーの通知カードの郵送が行われた2016年1~2月の時点で住民票がなかった方、たとえば働きながらネットカフェ等で暮らしていた方は通知カードを受け取れていません。そうすると、マイナンバーを提出できないことにより、仕事探しがますます困難になってしまう状況があります。

また、住所がないことは公的な福祉サービスを利用する際にもかなり不利に働きます。誤解のないようにしていただきたいのですが、生活に困ったとき、最後のセーフティネットとして日本には生活保護制度があります。生活保護制度においては住所の有無は問われません。住所がある場合は、その居住地で生活保護を申請することになりますが、住まいがない場合は、今いるところで生活保護を申請すればいいわけです。これを現在地保護といいます。法律上は今いる場所の自治体で生活保護を申請すればいいということになっているのですが、残念ながら、多くの自治体で住所不定者に対する差別的な取扱いを行っています。ひどい場合は、窓口に来た人に対して隣町までの切符を渡してどこにでも行きなさいといって別の自治体に追いやってしまうという対応をするところもあります。

さらに、軽視してはならないのは、ご本人のメンタルに対するダメージです。残念ながら私たちの社会においては、「ホームレス」に対してマイナスイメージがつきまとっています。そのため、生活に困窮している本人も自分がホームレス状態になってしまったことについて、精神的なダメージを被ってしまうケースもあります。たとえば客観的に見ると、家賃を滞納してアパートを追い出された時点において、家族や友達に助けを求めることができたのではないかと見えるケースもあります。ただ、ご本人自身が自分がそういう状況になってしまったということを恥ずかしい、後ろめたい、世間様に申し訳が立たないと思ってしまって自ら人間関係を断ってしまう。SOSを出せば助けてくれる人がいたかもしれないけれども、自分からそのことを恥ずかしいと思ってSOSを出せなくなってしまう。結果的に家族や友人との関係が切れてしまうということもよく見受けられます。

住居喪失の深刻化

こうした住居喪失の問題が日本で深刻化したのが、バブル崩壊後の90年代半ばからです。私が東京でホームレス支援にかかわり出したのは1994年ですが、当時、新宿には「新宿ダンボール村」というホームレスの人たちのコミュニティがありました。大阪でもこのころから釜ヶ崎を中心に路上生活者が増え始めましたし、名古屋、横浜、川崎など全国の各都市でもほぼ同じような状況がありました。バブル経済が崩壊して真っ先に仕事がなくなったのが建築土木現場で働いていた日雇い労働者でした。

1991年に丸の内から西新宿に東京都庁が移転します。それに伴い、新宿駅西口から都庁に向かう2本の地下通路が整備されました。地下通路は比較的雨露をしのげる場所なので、1992〜93年頃からそこにダンボールの家が建ち並びました。多いときでは新宿駅の西口周辺だけで300軒以上のダンボールハウスが建ち並ぶという状況がありました。

私は、この「新宿ダンボール村」に学生時代に足を踏み入れました。もともと東京都としては、都庁を新宿に移転して、西新宿を新都心、副都心として再開発しようと思っていた矢先に、都庁のお膝元に「ダンボール村」という路上生活者たちのコミュニティができた、これは目障りだということで何度か強制排除しようとします。

1994年2月に1度目の大きな強制排除があり、それが新聞記事になったのを私は読みました。

実際に何が起こっているのか当事者に会ってみて状況を知ろうと思って、そこに行ったのが貧困問題にかかわる一番最初のきっかけです。

当時は、高度経済成長期、1964年の東京オリンピックの頃に地方から東京に来たという方がたくさんいらっしゃいました。東北地方などから東京に出てきたという方が多かったです。大阪の釜ヶ崎では、1970年の大阪万博の頃に九州や沖縄から大阪に出てきた方が多かったという話を聞いています。1960年代には中学を卒業したばかりの若者が労働力として都会に出てくるという流れもあり、「金の卵」と呼ばれていました。

1990年代の初頭にバブル経済が崩壊した頃、1960年代に10代だった労働者は40代、50代になっていました。新宿西口には高層ビルがたくさん建ち並んでいますが、その高層ビルの建築に従事した労働者が失業し、そのビルの軒下で野宿をしているという光景が90年代に広がっていきました。生活に困窮し、住居を喪失するという状況は、当初、中高年の男性労働者特有の問題として認識されていました。

ところが、その後大きく状況が変わっていきます。2001年に私は湯浅誠と一緒に「NPO法人自立生活サポートセンター・もやい」という団体を立ち上げ、路上生活者に限らず幅広い生活困窮者の相談・支援の活動に乗り出しました。その「もやい」に、2003年頃からワーキングプアの若者たちの相談が舞い込むようになっていきます。

この背景には、1999年と2003年に2度にわたって労働者派遣法が改定され、派遣労働が原則解禁されたという雇用環境の変化があります。それまで派遣労働は、原則禁止、一部業種のみ容認という状況にありましたが、この原則と例外が逆転して、製造業を含む多くの業種で派遣が認められるようになりました。それが後に２００８年の派遣切り問題につながっていくわけです。

２０００年代に入ると、派遣など非正規労働に多くの若者が従事する状況が広がっていきます。ところが給与が低いので、特に東京や大阪などの大都市部では住宅を確保することができない。働いているのに自分のアパートを借りることができないという状況が生まれました。

そうしたワーキングプアの若者のなかに、生活に困窮して、ネットカフェで暮らさざるを得なくなり、民間支援団体に助けを求める人たちが出てきました。私たちのＮＰＯにネットカフェで暮らしている若者から初めてメールで相談が来たのは、２００３年の秋でした。当時は非常にびっくりしました。それまでホームレスの人たちというのは路上生活をしているので、こちらから会いに行って支援につなげるというのが一般的でしたが、ネットカフェに暮らしている人たちの中には、ちょうどこの時期、普及してきたフリーメールを利用し、メールアドレスを取得して私たちにアクセスしてくる人たちが出てきました。当時はまだ「ネットカフェ難民」という言葉がない時期でしたので、私たちも驚きましたが、２００４～05年になるとそういう相談が増えていきました。

２００７年には、日本テレビのディレクターだった水島宏明さんが『ＮＮＮドキュメント』で「ネットカフェ難民」というテレビシリーズを放映して大きな社会問題になります。この言葉は当時の流行語になりました。

「追い出し屋」の横行

「ネットカフェ難民」問題の背景には、派遣などの非正規労働が広がったという労働市場の変化があるのですが、もう一つの要因として、「追い出し屋」被害が広がったということがあります。以前よりも家賃を滞納した人がアパートから追い出されやすくなってしまったという問題がこの頃から発生していました。

賃貸住宅の家賃は、毎月払わないといけないという契約になっていますが、借家人には借地借家法に基づく居住権があるので、1カ月、2カ月滞納しただけで無理やり追い出されるということはあってはならないということになっています。もちろん、家賃を払わないのは契約違反になりますが、会社を首になったとか体が悪くなって仕事ができなくなったとか様々な要因によって家賃を滞納せざるをえないことは誰でもあり得るわけです。

以前は賃貸住宅の契約を結ぶ際、個人の連帯保証人をつけるのが一般的でしたが、2000年頃から法人で保証する家賃保証会社のシステムが広がりました。そもそも連帯保証自体が日本独特の仕組みであり、私は撤廃したほうが良いと考えていますが、以前はたとえば大学生がアパートを借りるときは親御さんが保証人になるというように、親族が連帯保証人になるのが一般的でした。

ところが、近年、日本社会においては家族関係が希薄化しているため、個人に連帯保証人を頼める人がいないという人が増えています。そこに新たなビジネスチャンスがあるということで家賃保証会社という業態が広がってきました。家賃保証会社を利用する場合、入居者は通常、家賃の半月分くらいの保証料を支払って、家賃保証会社に保証してもらうことになります。このシステムは金銭で保証人問題を解決するということで、便利であるともいえますが、入居後に家賃を払えなくなると、家賃保証会社が大家や不動産業者の代わりに入居者を追い出すという問題が発生してきました。

私が実際に相談にかかわったケースでは、家賃を約2週間滞納した入居者に「一時貸室使用禁止予告通知書」という書類が家賃保証会社から郵送されてきました。そこにはあと一週間以内に家賃を支払わないと居室の使用を一時的に禁止するという内容が書かれていました。

本来、家賃保証会社に居室の使用を禁止する権限はないのですが、実際には家賃保証会社が居室をロックアウトするケースが増えています。具体的には、鍵穴の上にカバーをつけたり、ドアノブごと取りかえるなどして、物理的に入室できないようにするわけです。

さらに悪質な場合は、居室内の私物を勝手に処分するという被害も出てきました。国民生活センターへの相談件数を見ると、2007年頃からこうした「追い出し屋」被害の相談が増えています。

こうした「追い出し屋」被害が広がることにより、家賃を滞納した人が以前よりホームレス化しやすくなったということも、「ネットカフェ難民」問題の背景の一つとしてあると私は考えています。

なお、「追い出し屋」問題については、2009年に法律家が中心となって「全国追い出し屋対策会議」が結成され、「追い出し屋」被害の掘り起こしと損害賠償を求める民事訴訟に取り組んでいます。

ワーキングプアであるがゆえにハウジングプアになる

こうした状況について、私は、「ワーキングプアであるがゆえにハウジングプアになる」という説明をしています。ワーキングプアとは、働いているのに貧困から抜け出せない労働者を指す言葉で、2006年にNHKが「ワーキングプア」というテレビシリーズを放映して広く知られるようになりました。具体的には年収200万円以下が目安とされていて、現在、日本には約1100万人のワーキングプアがいるといわれています。

都市部に暮らすワーキングプアは、ハウジングプアになりやすい状況にあります。ハウジングプアとは、貧困ゆえに居住権が侵害されやすい場所で起居せざるをえない状態を指します。

ハウジングプアに対して、ホームレスという言葉があります。英語の意味のホームレス（homeless）とは本来、自分の権利として主張できる住居がない状態を指しますが、日本では残念ながら、路上、公園、河川敷など屋外で寝ている人たちのみがホームレスと呼ばれるようになり、狭い意味で受け取られるようになりました。

また「ネットカフェ難民」という言葉は流行語になりましたが、ネットカフェのみに焦点が当たってしまうというマイナス面もありました。実際にはネットカフェだけでなく、カプセルホテル、24時間営業のファーストフード店、友人宅など不安定な場所に寝泊まりをしている人はたくさんいます。

私は、安定した住まいを確保できない状態を「ハウジングプア」と総称することで、問題の全体像を把握する視座を確立したいと考えています。

このイラストは、漫画家のさいきまこさんに描いていただいたもので、「ワーキングプアであるがゆえにハウジングプア」になる、という状況を描いています。

「仕事」と「住まい」は人々の「暮らし」を支える２本の大きな柱ですが、不安定な非正規労働の広

ワーキングプアとハウジングプア（イラスト／さいきまこ）

がりは、仕事をしても生活を支えきれない状況を生み出しました。

特に登録型派遣に象徴される細切れ雇用は、収入の不安定化を招きます。「ある月には15万円稼げたけど、翌月には5万円しか収入がない」というような状況になると、アパートの家賃も滞りがちになり、最終的には住まいを失ってしまうことになります。

2007年に厚生労働省が「ネットカフェ難民」の調査を行い、全国のネットカフェに週3〜4日以上寝泊まりしている人が5400人という推計値を出しました。この推計値は実態よりも少なく出ていると私は考えたのですが、調査したこと自体は評価しています。ところが、その後10年たちますけれども、いまだに2度目の調査は行われていません。きちんと調査をした上で対策を立てるべきだと考えています。

「若者の住宅問題」調査

行政が調査を実施しないなか、若者の住宅困窮を別な角度から明らかにしようとしたのが、認定NPO法人ビッグイシュー基金の呼びかけで設立された「住宅政策提案・検討委員会」（委員長：平山洋介神戸大学大学院教授）が実施した「若者の住宅問題」調査です。私も同委員会のメンバーとして、この調査に参加しました。

この調査は、大都市圏の若年・未婚・低所得者の住宅事情を明らかにすることを目的に、2014年8月に実施されたインターネット調査です。首都圏（東京都・埼玉県・千葉県・神奈川県）と関西圏（京都府・大阪府・兵庫県・奈良県）に住む、20〜39歳の未婚で、年収200万未満の個人（学生を除く）を対象にして1767人（男性938人、女性829人）から回答を得ることができました。

この調査結果で最も衝撃的だったのは、対象者の77・4％が親と同居していたという事実です。2010年の国勢調査では、未婚の若者（20〜39歳）の親同居率は61・9％だったので、この調査の回答者の親同居率が際立って高いことがわかります。

親同居率を年齢別に見ると、男女ともに25〜29歳では20〜24歳に比較して同居率が低いものの、30代では再び高くなっています。

親の家での居住パターンについて聞いてみると、「自分の住宅から親の家に戻った」と回答する人の割合は年齢とともに増え、35〜39歳では24・2％に達しています。いったん親と別居したものの、経済的要因などにより親との同居に戻っている人が多いのではないかと推察できます。

アンケートでは広義のホームレス経験（定まった住居を持たず、ネットカフェ、友人宅などで寝泊まりをすること）の有無についても聞いていますが、こうした経験があると答えた人は全体の6・6％にのぼりました。特に現在、親と別居しているグループでは経験ありという回答の割合が高く、13・5％にものぼっています。これは低所得の若者にとって親の家から出て、アパートなど独立した住まいを確保することがホームレス化のリスクを抱えてしまうことを意味しています。

結婚についての意向を聞くと、「結婚したいとは思わない」（34・1％）、「将来、結婚したいが、結婚できるかわからない」（20・3％）、「将来、結婚したいが、結婚できないと思う」（18・8％）と約7割が結婚に消極的または悲観的な回答を寄せました。「結婚したいし、結婚できると思う」（6・6％）、

「結婚の予定がある」（2・5％）はあわせても1割に達しませんでした。

もちろん結婚だけが唯一の家族形成の形ではありませんが、親元にとどまる若者の割合が高いことも踏まえると、経済的な理由から将来の見通しをもつことができない若者が多いのではないか、と推察できます。若者の住宅困窮の状況は、社会の持続可能性を脅かすレベルにまで深刻化しているといえます。

高齢者の住まいの貧困

次に高齢者の住まいの貧困について触れたいと思います。

埼玉で私と同じようにホームレス支援や生活困窮者の支援をしている「NPO法人ほっとプラス」代表の藤田孝典さんが『下流老人』という本を書かれてベストセラーになりました。「下流老人」とは、生活保護やそれと同じレベルの経済状況にある高齢者を指しています（第1章参照）。

国民年金は、40年かけて満額支給になっても、月あたり6万数千円しか支給されません。一人暮らしの場合、都市部では生きていけない金額です。そのため、近年、都市部の単身高齢者を中心に、生活保護を利用せざるを得ないという人たちが増えています。現在、生活保護世帯の過半数を高齢者世帯が占めており、その約9割が単身高齢者です。

国民年金の6万数千円でも夫婦2人分の年金があって、持ち家があれば、何とかやっていける額ですが、実際には近年、一人暮らしの高齢者が増えており、都市部では賃貸住宅に暮らしている人も少なくありません。そのため、住まいの確保に困る人たちが出てきているという状況があります。

２０１５年には川崎市の簡易宿泊所で火災が発生しました。２棟が全焼し、11人の方が亡くなるという悲惨な事故になりました。火災の原因は放火だと断定されましたが、いまだに犯人は捕まっておりません。

火災が発生したのは川崎市の日進町というエリアですが、この地域には「ドヤ」と呼ばれる安い旅館がたくさんあります。こうした「ドヤ」の入所者の約９割は生活保護で、ほとんどが単身高齢者です。

火災が発生した「ドヤ」の建物は老朽化した木造建築でした。もともと2階建てだった建物を2階と3階を吹き抜けにして無理やり3階建てに増改築した違法建築であったことが後で判明しています。火災の後、国土交通省がこの地域の「ドヤ」の一斉調査を行い、同様の違法建築については是正指導を行っています。

住まいのない人が生活保護を申請すると

私は、この火災の背景に高齢者の住まいの貧困という問題があるのではないかと考えています。その前提として、住まいのない人が生活保護を申請した時の流れを説明したいと思います。

ホームレスの人たちも現在地保護で生活保護を申請できるというお話をしましたが、原則として、路上生活をしたまま保護費を受け取ることはできません。そのため、通常は生活保護を申請した日から、福祉事務所が紹介する施設に入所することになります。

その紹介される施設のなかに、先ほどのようなドヤや民間の宿泊所があります。首都圏の場合、民間の宿泊所を紹介されるケースが多いという傾向があります。

ところが、その民間の宿泊所のなかに貧困ビジネスの施設が多数含まれています。東京都内にある貧困ビジネス施設のなかには、広いワンフロアに2段ベッドを押し込んで20人部屋の施設を作っているところもあります。こうした施設では、宿泊費と食費という名目で、入居者に支給される保護費の大半を徴収しながら、居住環境や食事が劣悪なところが少なくありません。実際に提供しているサービスに見合わない金額を徴収することで利潤をあげているわけです。

2000年頃から、貧困ビジネス問題は何度もマスメディアでも取り上げられましたし、私たちもずっと規制を求めてきましたが、残念ながら、特に首都圏では多くの福祉事務所、行政がこうした施設に依存しているという状況があります。なぜ行政がこうした民間の施設に依存しているかというと、公的な施設が圧倒的に足りないからです。

背景には、行政が公的な宿泊施設を作る際に、地域住民の理解と協力を得るのが難しいという状況があります。住民の間に、ホームレスの人たちに対するマイナスイメージや偏見が強いので、公的な施設の整備が進まないという状況がありました。その一方で、貧困ビジネスの業者がかつて社員寮だったような競売物件などを買い占めていき、またたく間に施設を増やしていきました。行政もホームレスの人たちが窓口に来たときに受け皿がないためにこういう施設に依存していきました。

本来であれば、生活保護には居宅保護の原則があるため、居宅、つまりご本人のアパート等で保護することが原則になっています。アパートに新規に入居する際には、敷金・礼金等の初期費用が必要になるため、その初期費用を支給する仕組みも生活保護制度のなかにはあります。東京の場合は、敷金・礼金、不動産店の仲介手数料、家賃保証会社の保証料、火災保険料など、最大27万9200円の初期費用を支給する仕組みがあります。

ただ、自治体によっても対応は異なりますが、このアパートの初期費用を支給することに消極的な福祉事務所は少なくありません。背景には「ホームレスの人たちにはアパートの一人暮らしは困難である」という福祉事務所職員の偏見があると私は考えています。

そのため、住まいのない生活困窮者が生活保護を申請すると、数カ月、ひどい場合は数年間こういう施設に留め置かれてしまいます。

近年はこうした民間の宿泊所が高齢者の「終《つい》の棲家《すみか》」になってしまっている状況があります。2015年の厚生労働省の調査では、社会福祉法に基づく「無料低額宿泊所」は全国537カ所にあり、その入所者総数は1万5600人。うち1万4143人が生活保護利用者だということです。また届け出をしていない民間の宿泊所も全国で1236カ所確認されており、そこに入所している生活保護利用者は計1万6578人です。届出をしている施設と届出のない施設を合わせると3万人以上の生活保護利用者がこうした宿泊所に暮らしているという実態が明らかになっています。

また、2016年12月30日付けの毎日新聞によると、東京都と千葉県の民間宿泊所だけで年間150人以上が「死亡退所」になっていることが判明しています。この記事によると、船橋市の宿泊所で死亡退所した19人のうち、平均年齢は67・8歳、平均入所期間4年8カ月。最高齢80歳、最長入所期間8年7カ月であり、高齢者がこうした場所で最期を迎えざるを得ないという状況が広がっていることが推察されます。

近年は路上生活の経験のない高齢者もこうした施設に入っています。東京では23区の東部地域を中心に低家賃の木造賃貸住宅がまだ残っており、そうした住居が低年金の高齢者の受け皿になってきました。しかし、2011年の東日本大震災以降、老朽化した木造住宅の取り壊しや建て替えが進んでおり、低家賃の住宅ストックが縮小しています。

建て替えになった場合、それまでの風呂無しアパートがワンルームマンションになり、家賃が跳ね上がるケースが少なくありません。こうした建て替えや取り壊しにより、低年金の高齢者が住まいを失い、福祉事務所で相談をした結果、民間の宿泊所に入れられてしまうケースが増えているのです。

民間の宿泊所に高齢者が滞留している背景には、福祉事務所が地域移行に消極的であるという問題があります。そこには先に述べた職員の偏見もありますが、同時に福祉事務所の職員がオーバーワークになっている問題もあると私は考えています。

大都市部では、生活保護利用者の増加に伴い、ケースワーカーの過重労働が問題になっています。そのため、「生活保護利用者が民間の宿泊所から地域のアパートに移った場合、一軒一軒、家庭訪問をしなければならなくなるので、大変だ」、「施設で一括して管理をしてくれていた方が、手間がかからない」という意識がどこかで働いているのではないかと私は疑っています。

高齢者・障害者への入居差別

もう一つは、出ていく先の問題です。アパートに移るということですが、そのアパートに入れないという問題があります。

２０１５年に公益財団法人日本賃貸住宅管理協会が賃貸物件のオーナーに対しておこなった調査では、単身高齢者の入居を「拒否している」と明言したオーナーは８・７％、「拒否感がある」と回答したオーナーは70・２％にのぼっています。また、障害者への入居差別も厳しいものがあり、同じ協会の調査で、障害者のいる世帯の入居を「拒否している」オーナーは２・８％、「拒否感がある」は74・２％にのぼっています。

入居の拒否をしている理由としては、「家賃の支払いに対する不安」（61・５％）に次いで、「居室内での死亡事故等に対する不安」（56・９％）が２位に入っています。特に単身高齢者に対しては「孤独死をするのではないか」という懸念からオーナーの間に入居への拒否感が高まっていることが推察されます。

孤独死が発生して、発見が遅れてしまえば、居室内の清掃や原状回復に多額の費用がかかるだけでなく、次に賃貸に出す際に事故物件として扱われ、家賃を下げざるをえなくなる可能性もあります。そうしたリスクを考慮して、「最初から単身高齢者は入れない」という選択をするオーナーが多いのでしょう。

私自身の経験でも、70歳以上の単身高齢者の部屋探しはかなり難しいという印象を持っています。80歳を超える単身高齢者の部屋探しを手伝ったことも何度かありますが、一般的なルートで民間の不動産店をまわっても、まず見つかりません。私たちNPOの活動に協力的な賃貸物件オーナーに個別に依頼し、入居後の見守りや安否確認をNPOがおこなうことを確約して、初めて入居への道が開けるといった状況なのです。

居住福祉政策の一元化と民間の取り組み

この問題を解決するためには、根本的には行政の縦割りを打破する必要があると考えています。これまでバラバラにおこなわれてきた福祉政策と住宅政策を一元化し、「居住福祉」政策を確立する必要があると考えています。

「居住福祉」は、神戸大学名誉教授の早川和男先生が提唱した理念です。ヨーロッパでは、「福祉は住宅に始まり住宅に終わる」といわれています。住まいは人々が生活する上での一番の基盤であり、そこが安定しなければ、いくらサポートが入ったとしても安心して生活を送ることができない。ですから、住まいを安定化させることが福祉にとって一番の重要なポイントであるという考えのもとにヨーロッパでは政策が行われています。

しかし、日本では生活保護などの福祉的な支援については厚生労働省が管轄する一方、公営住宅など住宅政策については国土交通省が管轄してきました。福祉行政と住宅行政がばらばらに行われてきた弊害は大きいと考えています。

民間では福祉的な支援と住宅の支援を組み合わせて活動が各地で展開されています。ここでは、私自身が関わっている一般社団法人つくろい東京ファンドの活動を紹介させていただきます。

つくろい東京ファンドでは、都内でも増えている空き家や空き室を借り上げ、それをホームレスの人たちやネットカフェ難民の人たちの住宅支援として活用するという事業をおこなっています。欧米では、住まいを失った人たちの支援について、安定した住まいを提供することを最優先とするという考え方があり、「ハウジングファースト」と呼ばれています。このハウジングファースト型の支援を日本でも導入していこうという趣旨で、現在、東京の7つの支援団体で「ハウジングファースト東京プロジェクト」というネットワークを作り、連携を進めています。

2017年4月からは、「住まい」の次は「居場所づくり」と「仕事づくり」が必要だと考え、東京都練馬区に「カフェ潮の路」をオープンしました。「カフェ潮の路」では、ホームレス経験者が地域の住民と交流する場を作ると共に、仕事づくりのため、自家焙煎コーヒーの製造・販売もおこなっています。ネット販売もおこなっておりますので、よろしければご協力ください。

住宅政策をどうすべきか

最後に、これからの住宅政策をどうすべきか、という点についてお話をさせていただきます。

高度経済成長の時期、日本人の住宅をめぐる考え方として「居住の階段」、「住宅すごろく」という表現がよく使われました。

これは、持ち家の取得をゴールとして設定した上で、若い時は居住環境が充分でない賃貸住宅や社宅などに暮らしていたとしても、年齢を重ねるのと共に収入も増え、居住環境も徐々に向上していくという標準的なライフコースを示したものです。

このライフコースの前提には、終身雇用、年功序列を中心とする日本型雇用システムと、夫が正社員で、妻が専業主婦またはパート労働者として夫を支えるという男性稼ぎ主中心の家族モデルがありました。

ただ、この時代もすべての人が「居住の階段」を上っていけたかというと、そうではなかったと私は考えています。

たとえば、近年、子どもの貧困問題との関連で、母子家庭の貧困率の高さが注目されるようになりましたが、日本では母子家庭の貧困率は常に高い状態にありました。母子家庭や単身の日雇い労働者など、「標準的」とされる家族モデルから外れた人たちが貧困に陥りやすい状況はずっとあったのです。ただ、そうした人々の貧困は一部のマイノリティの問題として、あまり注目されず、マジョリティの人々は「居住の階段」をのぼることで住宅を確保することができました。そして、定年後は住宅ローンを払い終えた持ち家で安定した老後をおくることができたのです。

こうした状況により、「住宅の確保は個人の甲斐性である」という社会的な意識が固定化されたのではないかと私は考えています。

ところが、バブル崩壊後、状況は大きく変わりました。非正規雇用が増え、日本型雇用システムが

不安定化する住まい（イラスト／さいきまこ）

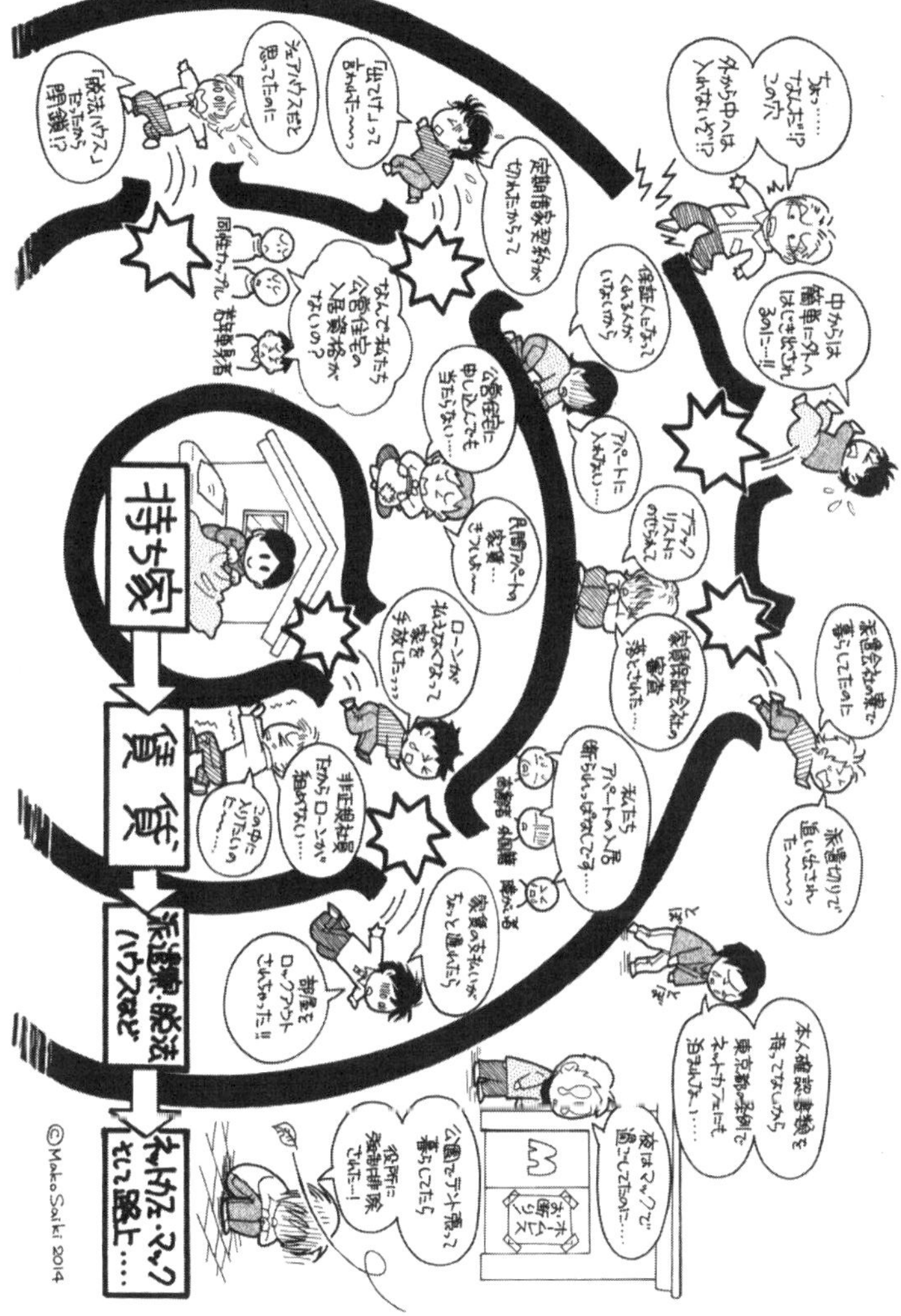

崩壊しました。それは同時に「居住の階段」を上れない人が増えたことを意味します。非正規労働者でも借りられる住宅ローンも出てきてはいますが、一般的に非正規労働者は収入が低いため、住宅ローンを組むことができません。「住宅すごろく」のゴールに設定されていた持ち家をめざすことはできない人たちが増えてしまったのです。

前ページのイラストも、さいきまこさんに描いていただいたものですが、今の日本社会における住まいの貧困を示した図になります。

同心円のまんなかが比較的安定している持ち家の人、その周りが賃貸で暮らしている人、その外側が派遣会社の寮などで暮らしている人、一番外側がネットカフェや路上で暮らさざるをえない人たちを示しています。外側に行けば行くほど、住まいが不安定になっていきます。

この同心円のなかで、私はどの層においても「内から外へ」という「遠心力」が強くなっている状況があるのではないかと考えています。内側から外側へ押し出される一方、外から内には入りにくくなっているのです。

具体的には、非正規労働者が住宅ローンを組めない、公営住宅の入居要件が狭く、倍率が高い、民間の賃貸住宅の家賃負担が重い、高齢者や障害者、外国人等への入居差別が厳しい、家賃保証会社の入居審査が厳しい、「追い出し屋」被害により居住権が侵害される等の問題が発生しています。

一番外側には路上生活者がいるわけですが、現在、東京では2020年のオリンピック・パラリンピックに向けて、野宿ができる場所が少なくなりつつあります。

私は2009年に「住まいの貧困に取り組むネットワーク」という団体を立ち上げて、住宅政策の転換を求めて活動を続けてきました。

「追い出し屋」問題についても、法的な規制を求める運動を進めてきました。2010年には「追い出し屋規制法」が国会に上程され、参議院では可決されたのですが、その後、残念ながら廃案になってしまいました。しかし、「追い出し屋」被害については、各地で被害者が声をあげて裁判に訴え、原告勝訴の判例が積み重なることによって、一定の抑止効果は生んでいると考えています。

そうした活動の成果もあり、2017年4月には改正住宅セーフティネット法が国会で成立しました。この法律に基づき、同年10月より空き家を活用した「新たな住宅セーフティネット制度」がスタートしています。

この制度は、全国的に増え続けている空き家を国土交通省のいうところの「住宅確保要配慮者」、高齢者、障害者、低額所得者などの住宅を借りにくい人たちの住居として活用していくことを目的としています。都道府県ごとに空き家の登録システムを作り、必要に応じて、住宅の改修費や家賃を低廉化するための支援もしていくという仕組みになっています。

私自身も改正法案の国会審議の際、参考人として衆議院で意見陳述をさせていただきましたし、これからこの事業がきちんと活用されるように働きかけていきたいと考えています。

ただ残念ながら、規模が小さ過ぎるという問題があります。国土交通省は、2020年度末までに17万5000戸の登録住宅を整備するという目標を示していますが、全国で17万5000戸という数は住宅セーフティネットと呼ぶには規模が小さ過ぎます。また、大家に家賃補助をして家賃を下げてもらう仕組みがありますが、家賃が下げられるのはさらにその一部にとどまると見込まれており、低所得者への住宅支援としては不充分だと言えます。そうした点については、これからも要望していきたいと思っています。

日本社会には、「住まいの確保は個人の甲斐性である」、「住まいは自助努力で確保すべきものだ」という考え方が根強くあります。これを転換し、「住まいは基本的な人権である」という考え方を広めていきたいと思います。

たとえば、福祉行政が貧困ビジネス施設を容認しているのも、「ホームレスだから屋根さえあればいいだろう」という発想が背後にあるからではないでしょうか。そうではなく、適切な住まいはすべての人に保障されるべきだという理念を広げていきたいと思います。

最近、住宅問題に関わる人たちの間で議論しているのは、「住宅セーフティネット」といういい方自体も限界があるのではないかということです。セーフティネットというのは、よくサーカスの安全網に喩えられます。空中ブランコから落ちた時のために、下に張ってあるのがセーフティネットですが、セーフティネットというのは、ある意味、上から落ちてくることを前提としているので、最初から落ちることを前提にするのではなく、すべての人に居住を保障するという考え方に進んでいく必要があるのではないでしょうか。多くの人たちとともにそうした議論をしていきながら、具体的な政策の転換を進めていきたいと考えています。

第4章

「子どもの貧困」を考える

——貧困の連鎖の現状と課題

中塚久美子（朝日新聞大阪本社生活文化部専門記者〈子ども・貧困〉）

中塚久美子（なかつか・くみこ）　子どもや家族支援、ジェンダー、無戸籍問題などを取材。家庭の貧困や学びの格差による高校中退や定時制志願者急増など、子どもの貧困報道で２０１０年「貧困ジャーナリズム賞」受賞。著書に『貧困のなかでおとなになる』（かもがわ出版、２０１２）。『子どもの貧困ハンドブック』（かもがわ出版、２０１６）『子どもの貧困白書』（明石書店、２００９）、にも執筆。

取材のきっかけ

子どもの貧困問題の取材を始めたのは2008年ですので、約9年、もうすぐ10年になろうかというところです。もちろん子どもの貧困問題を伝えたいといって入社したわけではなく、たまたまこの問題に出会ったといったほうがいいかと思います。2008年5月、母子家庭の取材をする機会を得ました。その母親は、たばこを自動販売機に配送して詰める仕事をしながら、中学生と高校生の娘さんと、体の調子の悪い実母の4人暮らしをしていました。

その母親に生活上の大変さとか暮らしぶりなどを聞いているときに、シングルマザーで子どもを育てている同じ境遇の母親仲間から聞いた話として、役所に子どもの大学進学について相談に行ったところ、役所の人に、「母子家庭の子どもが進学しようと思うのが間違いだ」というようなことをいわれたそうです。そのお母さんが私に、「子どもの芽を最初から摘む社会ってどうなんでしょうか」とつぶやかれた。しかし、恥ずかしながら、私はそのとき何も返す言葉を見つけられなかった。それが非常に恥ずかしくもあり情けなくもあり、子どもの芽を初めから摘む社会とはどうなんだ、という問いかけの答え探しをこの9年間してきました。それが結果的に子どもの貧困の現状と課題を伝えることであり、子どもの貧困の解決に向けて動いていらっしゃる方々の活動を報道するということにつながりました。そういった一連のことを今日はお話ししたいと思います。

数字から見る相対的貧困

まず、貧困といっても、人によって貧困状態の定義はバラバラであると思います。特にご自身の子ども時代を考えていただくと、時代性もありますが、世代によって子どもとして与えられる当然のものというものが違ってくると思いますので、今の日本社会においてはどうなのか、ということについて共通の認識をもっておきたいと思います。

まず、食べ物と屋根がある家があれば、それをクリアすれば貧困ではないのかということの問いです。食べるものがないとか、病気なのに医療機関にかかれないとか、着る服がなくて寒さをしのげないという生命の維持にかかわるような危機状態というのは絶対的貧困といいまして、世界銀行は1日1・9ドル未満で生活することと定義しております。

日本を含め先進国でいう貧困というのは、相対的貧困といいます。これは、その国の社会で当然享受すべき権利が奪われているという状態です。これを日本の子どもに当てはめますと、たとえばよく食べてよく寝る。学校に行く。友達と遊ぶ。学校や地域の行事に参加する。望めば進学をする。夢を抱くといったような機会や選択肢がある。これらは贅沢だろうという日本の方々はあまりいなくて、ほぼ大方合意していただけるのではないかと思います。これが奪われている状態が、日本で貧困に陥っている子どもだと考えてください。つまり、これは生存、発達、保護、参加という子どもの権利条約にもうたわれているものが奪われているということになります。

子ども自身は、家庭で育っていればその家庭がスタンダードだと思います。自分の家庭はこういったもの、これが普通なのかなと思って育ちますので、自分の家が貧しいということを客観的に振り返るとなると、子ども時代を少し過ぎた青年期あたりになると思います。ですので、子どもが子どもの貧困という状態をどのように経験するかというと、孤立とか無力感ということで経験します。たとえば修学旅行や校外学習がありますが、こういうものに参加できない。たとえばみんなが広島に修学旅行に行くとなれば、自分は2泊3日の間だけ休めばそれで済むじゃないかということではなく、それまでに平和学習というのをしますし、その後帰ってきたら多分まとめ新聞みたいなものを学校でつくったりします。そういった時間や友達の輪から排除されてしまい、仲間で同じ経験をして成長していくといったチャンスが奪われていく。それから、お金が足りないということで進学を諦めざるを得ないというのは、子どもにとってはどうしようもない無力感に包まれるわけです。

では、子どもの貧困をまずデータ面から見ていきたいと思います。

現在の日本の子どもの貧困率は、厚生労働省が出しておりますが、13・9%ということで、40人学級でいうと5~6人に当たります。日本の18歳未満の子どもの実数換算をしますと、269万人が相当な低所得で暮らしていると考えてください。ひとり親など大人が1人の世帯にいる子どもの貧困率は50・8%で、これは先進国のなかでも非常に高い割合になっています。

ほかにも、生活保護を受けている17歳以下の子どもの数は約25万人です。このうち20%は未就学児です。また、就学援助といいまして、これは小中学校でたとえば修学旅行代や給食費、あるいは新入学の準備金、ランドセルや制服を買うお金が低所得家庭に補助されるんですけれども、これを受けている児童生徒数が約150万人です。これは大体全体の16％弱になります。

次に、貧困率の考え方と大体どの程度の暮らしぶりをイメージすればいいのかというと、国のほうで年間可処分所得が1人世帯で122万円未満が貧困世帯とされています。可処分所得というのは、税金とか社会保険料とか全部のけて、いわば手取りというか、使えるお金ですが、それが1人暮らしだと122万円未満。3人世帯では211万円が目安です。この211万円未満の家庭で暮らす子どもの割合が子どもの貧困率ということになるのですが、211万円を12カ月で割ると1カ月17万6000円ぐらいになります。これは、人によって十分暮らせるなと思うかもしれませんし、これでは全然足りないと思われるかもしれません。時代、家族構成、住む地域によってこの感覚は違うと思いますが、この17万6000円で考えるべき点というのは、子育て世帯だということです。つまり、教育費がとてもかかるということです。それに子どもですから、栄養のある食事もたくさん食べさせなくちゃいけない。ですから、ひとり暮らしや大人だけの世帯とは違うので、子どもがいるということを念頭に置いて見てください。

文部科学省が出していますす学習費調査というのがあります。これは親が1年間に1人の子どもにどれだけ学習費をかけたかという調査です。ここには塾代、給食費、レクリエーション代といったようなものが入っています。これが公立の小学生で年間平均32万円、中学生は48万円、全日制の高校生ですと41万円と出ています。たとえば3人世帯で、母親1人と中学生1人、高校生1人だとすると、この平均の学習費が89万円になりますので、211万円から学習費平均の89万円を引きますと122万円になります。それを12カ月で割ると1カ月10万円。この10万円で家賃、食費、光熱費等を払っていく。これもどういうふうに捉えられるかは皆さんそれぞれで、私は十分やりくりできますという人もいれば、子どもがいてそれは無理でしょうという方もいらっしゃると思います。

しかし、この学習費調査というのは平均値です。食べる、住む、着るということを当然優先させると思います。そうすると、何がターゲットになるかというと教育費になってくるわけです。

世帯の年収別の補助学習費を見てみます。補助学習費というのは塾代だと思ってください。学校外にかけているお金です。たとえば中学生ですと、400万円未満の世帯は年間15万5000円ですが、1200万円以上の世帯だと40万6000円かけています。年収が上がれば上がるほど教育費をかける、ということが多くの調査で出ています。

教育格差とは

そこで、教育格差ということでどういった状況が生まれるかというと、生活保護世帯の子どもの教育状況から見てみたいと思います。

高校進学率は、全国の平均では98・8%です。全日制に限りますと91・4%。これが生活保護世帯に焦点を当てますと、まず全体の進学率は92・8%で、全日制に限りますと67・4%と7割を切っています。高校生になってからも課題がありまして、高校中退率が全体では1・5%ですが、生活保護世帯になると4・5%になります。さらに、大学進学率においてはもっと差が広がりまして、日本全体では今7割以上の人が高校卒業後に進学していますが、生活保護世帯に限りますと33・4%になります。

これは何が原因かというと、まず、生活保護世帯でも高校に進学できるという制度になったのは1970年です。高校就学費といって授業料等、高校に通うのに必要な経費が生活保護費として出るようになったのが2005年度、つまりたった12年前からです。それまでは生活扶助という生活費のなかからやりくりしてくださいということでした。高校就学費は2005年度から始まったのですが、つい最近まで、たとえば高校生が自分で努力して得た奨学金を、もし大学の入学費用とか受験料など大学進学を想定したものに使うと収入認定されるというようなことが起きていたのですが、厚労省も、さすがに子どもの貧困対策と矛盾が生じてきましたので、入学金とか受験料に使っても保護費を減らさないというふうに方針転換をしたのは2016年、つい最近です。

ご存じかもしれませんけれども、福島県福島市では、生活保護の母子世帯の女子高校生が、福島市の奨学金、民間の奨学金を得て高校の必要な経費に充てようとしたところ、収入認定されるということがありました。これが裁判もあり、先日判断が出ましたけれども、やはり福島市の認定は間違っていたということで、大分流れが変わってきたなということではありますが、それもようやく最近になって進学することへの理解が少し芽生えてきたところです。

政府は2018年4月から、大学や専門学校への進学支援として、「新生活立ち上げ費用」という名前で、生活保護世帯の子どもが大学等へ進学する場合には一時金を支給するという方針を打ち出しています。親元を離れる場合は30万円、同居の場合は10万円です。

今、生活保護では、大学に進学するということは制度上認められておりませんので、高校を卒業したら働いて家にお金を入れましょう、これが生活保護世帯の子どもに決められた道だったんですけれども、いろいろな闘いを経て少しずつ扉が開いてきているという状況です。しかし、進学するときは世帯分離といいまして、その子の分だけ生活費を出さないという方針は変わりません。ただ、生活保護の住宅費の減額はやめましょうというルールが検討されています。

ところが、生活保護家庭の子どもが大学等に進学しますと、授業料は生活保護費からは出ませんので、奨学金頼みになります。そして、生活費も、同じく奨学金とアルバイト頼みというふうになっていまして、堺市と大阪市立大学の調べで、保護家庭の子どもが進学した場合にどうやってやりくりしているかというと、7割が奨学金を借りているという回答です。調査に回答した半数が400万円以上借りているということがわかりました。つまり、社会に出るときに400万円以上の借金を背負って出なければならないということになります。

次に、高校中退の話にも触れたいと思います。

高校中退者は年間5万人ほどいます。5万人という数がどういうものかというと、1学年6クラス40人学級で計算しますと、5日に1校、高校が丸ごとなくなるのと同じぐらい、10代後半の子どもが学校といういわば公的な機関から離れてしまっているということです。

では、高校中退をしたその後どうしているのかという調査ですが、これは非常に難しいのですけれども、内閣府が2010年に調査しています。中退しておおむね2年以内の子に調査をしていますが、今何をしていますかというと、働いているというのが56・2％です。回答した人たちのひとり親世帯の割合ですが、母子世帯が21・1％、父子世帯が3・5％でした。これが多いのか少ないのかということですが、国勢調査から見ますと、15歳から20歳未満の子どもの割合からいくと、母子世帯も父子世帯もそれぞれ3倍の割合です。ひとり親世帯だから高校をやめるんじゃなくて、高校をやめざるを得ないような困難がひとり親世帯にはあるというふうに理解をしていただければと思います。

次に、経済力と中退率の関係です。２００７年度、10年ほど前で古いですが、大阪府立高校の全日制の中退者と授業料免除の割合です。このとき府教委が進学校といっていたのが17校ありまして、各学校あたりの平均の中退者は年間２人ほどです。このときはまだ授業料の無償化は始まっていませんので、皆さん授業料を払っていたわけですが、経済的に厳しい家庭は授業料を免除してもらえたわけですけれども、進学校の場合、免除してもらっている割合は８％ほどです。ですが、中退者が40人以上いる学校というのは、やめていった人が年間77人、そして減免してもらっている経済的に厳しい家庭が32・１％ということです。

似たような調査で埼玉県の県立高校の元教員の青砥恭さんのデータがあります。２００４年度埼玉県立の全日制高校の入試の平均点との関係で見たものです。A～Eまでグループ分けしまして、Aは５教科２００点満点中１６０点前後をとる学校、つまり進学校です。B、C、D、Eといくにつれて点数は下がりまして、Eだと２００点満点中平均60点ぐらいの学校です。２００４年度に入学した生徒が２００５年度、２００６年度の３年間でどれだけやめていったかという減少率は、進学校ですと２・３％ですが、点数が低くなるにつれて中退率が上がってきます。そして、２００６年度の減免率、つまり３年生で残っている子たちのなかで授業料を免除してもらっている割合は、進学校は３・６％ですけれども、B、C、D、Eになるにつれて経済的に厳しい家庭が多くなります。

虐待と貧困

次は、児童虐待との関係で見ていきたいと思います。

全国児童相談所長会の調査研究の報告では、虐待相談のうち生活保護世帯が16・5%、市民税の非課税世帯が8・9%です。日本全体の生活保護率は17パーミルということで1000人あたり17人ですけれども、そう考えたら虐待家庭と貧困というのは隣り合わせにあるということがわかると思います。

では、お金があれば虐待がなくなるのかというと、それはちょっと違いまして、児童虐待というのは非常に複合的な困難を抱えています。2013年4月から5月に全国207カ所の児童相談所が受理した虐待相談件数1万1257件を分析したものですけれども、このうち虐待に該当したのが7434件で、これについて児童相談所の担当者がこの家庭が虐待

表　虐待につながった主な要因

2013年4～5月、全国207カ所の児相が受理した虐待相談は11257件。このうち虐待に該当したのは7434件。担当者が答えた虐待につながると思われる家庭・家族の状況と、合わせてみられる状況上位3項目

家庭状況		①	②	③
虐待者の心身の状態	2397件　32.2%	経済的な困難	ひとり親家庭	育児疲れ
経済的な困難	1935件　26.0%	虐待者の心身の状態	ひとり親家庭	不安定な就労
ひとり親家庭	1799件　24.2%	虐待者の心身の状態	経済的な困難	不安定な就労
夫婦間不和	1564件　21.0%	ＤＶ	虐待者の心身の状態	経済的な困難
ＤＶ	1484件　20.0%	夫婦間不和	虐待者の心身の状態	経済的な困難

全国児童相談所長会「児童虐待相談のケース分析等に関する調査研究」結果報告書2014年3月

につながった主な要因とは何かということで聞いていまして、これが一番左の「家庭状況」になります。この家庭は虐待者の心身の状態がよくなかったから虐待につながったと答えたのが一番多くて32・2％、その次に多かったのは、この家は経済的な困難を抱えていたというふうに答えたのが26％となっていますが、さらにこれ以外に虐待につながったと思われる状況の上位3項目を挙げてくださいということで答えているのが横の①、②、③です。一番上、虐待者の心身の状態がよくなかったという家にはほかにどんな困難があったかというと、経済的な困難、ひとり親家庭、育児疲れ。2番目の経済的に困難な家庭ではほかに何があったかというと、虐待者の心身の状態、ひとり親家庭、不安定な就労、見てのとおりほとんどかぶっています。どれが先かはわかりません。たとえば夫婦仲が悪くて、心身の状態が悪くなり、離婚をしてひとり親になって働き始めるものの、すぐに正社員の職は見つからず不安定な就労で経済的困難に陥るといったように、どれもつながっています。虐待の報道というと、いかにひどい虐待をしたかという行為に注目が集まりますが、そうではなくて、その向こう側を見ることが非常に大事で、地域の方々も含めて我々も、虐待を起こす要因として親個人の性格とか行動に注目するのではなく、環境というものにも注目してアプローチしていかないとなかなか届かないと思っています。

貧困は連鎖するか

次は親について注目してみます。

親の生育歴と心身の状態、子どもとの関係ということでいいますと、生活保護受給の母子家庭の4割が母親も生活保護家庭で育ったというデータがあります。これは関西国際大学で教鞭をとっていらっしゃる道中隆さんが、２００７年に大阪府内のとある自治体の福祉部門の理事をされていたときに調査をされました。これが発表されてから「貧困の連鎖」という言葉が使われるようになりました。同じ調査で、低学歴、これは高校中退や中卒を指しますが、10代の出産、子どもの非行、こういったことが一つの家庭で3～4項目が重複しているということがわかりました。

次に労働政策研究・研修機構が現在の母親の経済状況と生育歴について調査をしたものを紹介します。

子どものころ、親が生活保護を受給していた、父親と死別した、両親が離婚した、親による虐待を受けていたといったような、子ども時代に経済的困難、心理的に非常に困難を持った経験がある母親が今どの程度貧困かを調べた調査です。たとえば自分が子どものころ親が生活保護を受けている、つまり自分も生活保護で暮らしていたというお母さんが今貧困である割合は31・3％、子どものころ父親と死別した、つまりこれは昔でいうと大黒柱を失った、経済的に厳しくなったという意味合いだと捉えていただいて、そういった経験をしたお母さんが現在貧困である割合は29・6％、両親が離婚したお母さんの今の貧困率は32・2％、そして親によって虐待を受けていたという母親の現在の貧困率は27・8％ということです。これが多いか少ないかですが、「いずれも未経験」、つまり今いった4つのどれも経験していない母親の現在の貧困率が11・9％です。ですから、子どものころの経済的な困窮が今の困窮率に影響しているのではないかということが読み取れると思います。

同じく労働政策研究・研修機構の子育て世帯全国調査ですが、ひとり親の健康状態についても聞いています。ここで注目すべきは、ひとり親のなかでも仕事をしていない母親のうつ傾向が53・4％、健康状態がよくないというのが50・3％です。これは、うつ傾向だから無職になったのか、無職になってうつ傾向になったのかはわかりませんが、ひとり親でも仕事をしていないお母さんのほうがより一層困難であるということがわかるかと思います。

ひとり親の現状についてまとめてみますと、厚生労働省が5年に一回実施している全国ひとり親世帯等調査の結果では、まず、母子世帯のひとり親になった理由として一番多いのが離婚で、大体8割ぐらいです。就業状況、つまり母子世帯のお母さんが仕事をしている割合は8割を超えています。しかし、正規の雇用は44・2％になっています。年間の就労収入、つまりお母さんが働いて得た収入は200万円で、年間収入、つまり就労収入プラス生活保護やひとり親に対して支給される児童扶養手当あるいは児童手当、あるいは養育費、ほかの仕送り等も含めて年間の収入の平均が母子世帯で243万円となっています。これが平均の母子世帯の暮らしであるということです。

また国民生活基礎調査の結果では、児童のいる世帯と母子世帯とを比べることができます。児童のいる世帯（18歳未満の子どものいる世帯）の平均総所得は707万円ですけれども、母子世帯に限りますと270万円。全世帯が545万円ですが、全世帯の49・5％、同じ児童のいる世帯で考えると38％にとどまっています。一番大きな要因は稼働所得、つまり働いて得るお金が少ないということです。生活が苦しいと答えている母子世帯は82・7％ですが、同じく児童のいる世帯でも61・9％が生活が苦しいと答えています。母子世帯じゃなくても生活が苦しいという世帯が過半数いるということは考えなくちゃいけないことです。

母子家庭が経済的に厳しい要因として、まず一つが男女の賃金格差です。男性を100とすると、女性の賃金は73です。これはずっと調査してきて、今の100対73でも一番差が小さい状態です。

さらに、離別の場合、養育費の不払い問題があります。母子世帯で現在養育費をもらう取り決めをしているというのが42・9%、半数にも満たないんですね。取り決めなかった理由としては、相手とかかわりたくないというのが31・4%で一番多く、次に多いのが、相手に払う能力がないと思ったというのが20・8%です。取材していますと、やはりDVと大きく絡んでくるのですが、相手との連絡を断ちたいとか、先方から1万円なら払えると最初にいわれて、その1万円を1万5000円、2万円、2万5000円と上げていくその交渉のしんどさを考えると、自分で働くというお母さんたちが結構いらっしゃるということです。

さらに、現在も養育費を受け取っているという母子世帯は24・3%で、平均4万3707円です。養育費を現在も受け取っているかというこの質問は1983年に初めてされているのですが、このときで11・3%、98年で20・8%、今回一番高くて24・3%ということですが、ほぼ30年間この問題は放置されてきています。個人の約束事だということでほとんど関与されなかったということです。この間、先ほどいいましたように、「あの人から1万円でも多くもらうという交渉をするぐらいなら私がもうちょっと仕事をします」といったことで、母親がダブルワークをして夜不在だとネグレクトといわれるんですけれども、養育費を払わないほうは特にネグレクトとはいわれないといったようなジェンダーの問題も絡んできます。

一つだけいえることは、日本は子どもがいてもとても自由に離婚ができる国だということです。ほかの先進国は、子どもがいると裁判所が関与します。ここで養育費や、月何回会うとか夏休みはこういう形で過ごすといったようなお互いの家の行き来、こういう細かいことを取り決めます。日本は、公正証書を作成するか、調停や裁判で取り決めをすれば取り立てることができるんですが、口約束だとそれができないので、このあたりをどうするかというのは、私としてはぜひ法曹関係者の方にエンジンをかけていただきたいところです。

税制からみる

次に税制です。ひとり親のなかでも未婚のひとり親を控除する寡婦（夫）控除というのがあります。寡婦控除は、男性でも女性でもひとりで子どもを育てている方には税制上の優遇措置がありますが、これは法律婚をしたことがなければ適用されません。八王子市が年収２０１万円、２歳の子のシングルマザーのケースで試算したものですが、婚姻歴がある人とない人でどのぐらい違いがあるかということです。２０１万円に対して、婚姻歴があって、つまり婚姻届を出してその後離婚届を出すという法律婚をした人であれば寡婦控除が適用され、所得税は１万８００円、寡婦なので住民税は非課税、これによって保育料が決まりますので、保育料は無料になります。一方、結婚せずに子どもを産んでひとりで育てているという人は、所得税が２万８３００円、住民税６万３１００円、これをもとに保育料が決まるので12万８４００円。同じひとり親ですが、結婚したかしないかで年間21万円の差が生じているということです。未婚のひとり親になる理由は様々でいろいろなパターンがあります。事実婚でそれが破綻したという場合もあれば、婚約して子どもができていて結婚届を出す前に破綻をしてひとりで産み育てるというケースもあって、人それぞれです。

女性がひとり親になった理由では離婚が一番多くて8割ほどと申し上げましたが、未婚が8・7%、死別が8%ですので、死別より未婚のほうが多いです。

この問題に対しては、未婚のひとり親の当事者の方が、これはおかしいのではないか、法のもとの平等に反する、として活動されまして、日弁連等にも訴えられ、控除が適用されるとみなして、独自に保育料や公営住宅家賃を減免する自治体が出てきました。先に自治体が動き始めたのです。住民税、所得税というのは、各自治体は自分のところでいじれないですが、保育料や公営住宅というのは、寡婦控除があったとみなす「みなし寡婦控除」として料金が算出されて、結婚歴があって離婚したひとり親と同じ扱いを受けるということが自治体で広がってきました。これに応じるように先に動いたのが国交省です。国交省は公営住宅家賃について1～2年前に法改正をしまして、寡婦とみなして家賃を算出することになりました。

私が全国の自治体でどのぐらいみなし寡婦控除が適用されているのかを最初に調べたのが2013年度です。このとき国交省はまだ公営住宅の家賃について法改正はしていませんでした。しかし、一番大きいのは保育料です。厚労省の保育課にこのことについて問い合わせると、「これは税制の問題です」といわれたんです。なので、私は財務省に電話をして聞きましたら、「これは民法の問題だ」といわれたんです。法務省に電話するのはやめたのですが、ただ、そういっていた厚労省も、保育料にみなし寡婦控除を適用して見直すとして、18年度中に開始されそうです。16年8月時点で独自に保育料などを減免してみなし寡婦控除を適用していたのは、全国約1700の自治体中2割ほどでしたけれども、国がやることでこれが全国的に適用されれば、保育料の軽減につながります。

問題は税金です。所得税、住民税が重い。給付型奨学金というものができましたけれども、住民税非課税世帯が対象になっていて、寡婦控除があるかどうかということで大きく左右されますので、早い改善が期待されるところです。最近、自民、公明両党の税制調査会が寡婦控除に未婚のひとり親も加えるかどうかということを検討して、2019年度の税制改正で結論を出すという方向性を決めました。どうなるかわかりませんけれども、議題に上がってきたということで、少し光が見えているところです。

今まで金銭面からの困窮要因について見てきました。まず、女性の低賃金が問題です。働くことが貧困の解消になっていないという点、それから、養育費が払われていないという点、それから、児童扶養手当が毎月の給付ではない。年3回、つまり4カ月分まとめて払われるという状態です。これは家計を不安定にするという問題点があります。取材しますと、児童扶養手当はあるけれども、それをすぐに使ってしまうというふうにシングルマザーの方はおっしゃいます。私も最初、4カ月分をまとめてもらったら、封筒4つに分けて毎月順番に使えばいいんじゃないかと思っていたのですが、そもそも困窮していますので、常に何かを滞納しています。水道代や家賃を待ってもらうこともあるので、児童扶養手当が入ってくるとその滞納した分をまとめて払ってしまって、すぐ消えてしまうので、「児童扶養手当はすぐなくなる」という話を取材でよく聞きました。

ですが、子どもの貧困が社会課題、そして政治課題に上がり始めて、改善の傾向が見えています。1人目は満額月4万2290円で、これを受け取れる所得制限の基準を18年8月支給分から引き上げることになっています。今までは年収130万円までの人が満額受け取れたのですが、これを160万円まで上げるとなっています。対象は15万人増えるということです。それから、支給回数を来年から年3回を6回にするということで、つまり2カ月に1回振り込まれるという形になってきます。

まとめますと、子育て世帯ということで教育費がかかりますし、住居費もかかります。これを補うために働くとなっても、先ほどいいましたように、男女の賃金格差があるために長時間労働をするとなると家族との時間は減ります。あるいは、体調を悪くするかもしれません。子どもはひとりぼっちでご飯を食べなきゃいけないかもしれないというようなことを改善しようと思うと、仕事量を減らす、仕事を一つにすると今度は生活が厳しくなる、こういう循環になっていくので、貧困問題というのはお金にもちゃんと着目して考えないと、これは避けられない問題だということです。

子どもたちの状況

次に、子どもたちがどんな状況、気持ちなのかということを紹介したいと思います。

たとえば18歳のフリーターの女性です。彼女は私が出会ったときは、高校中退をして、仕事探しをするもうまくいかずに引きこもっている状態でした。もともと実の父親の暴力が原因で両親が離婚して母子家庭になりますが、そのお母さんもストレスがたまると彼女に対して身体的な虐待を加えていました。そのお母さんは再婚をするのですが、再婚した相手の男性からも暴力を受けることがあり、彼女は警察を呼ぶのですが、このとき警察は全然助けてくれなかった。家族のことだからといって、家には来るものの引き返すというようなことがあって、絶望的な気持ちになります。こういう状況なので家庭に居場所がなく、だからといって学校に居場所があったかというと、彼女は勉強が苦手で、学校にも居場所がありませんでした。中学の先生に、おまえの行ける高校はAかBかどっちかだと2つ提示されて、一つは自分が嫌だなと思う子が行きそうな高校、もう一つは知り合いが誰一人いなさそうな高校ということで、後者を選んで行くんですけれども、ここで友達関係を築くのがうまくいかなくて、結局高校1年生の夏休みに中退します。中退するときに彼女を引き留める人は誰一人いなかったんです。まず親にいったら、おまえみたいな人間は高校に行っても仕方がないというふうにいわれました。学校の先生が引き留めてくれたわけでもない。つまり、彼女の周りに応援団になってくれる人が1人もいなかったということです。それで、コンビニのアルバイトをしようと思ってコンビニに面接に行くと、高校生活を全うできない人間が仕事ができるわけがないといって不採用になります。雇ってくれそうだと彼女は自分で判断して、夜お酒をつぐ仕事へ行くんですが、ここで賃金の未払いにあいます。ですが、自分で交渉する術はありません。結果、そのままやめて引きこもるということになります。

彼女自身が高校をやめたのは、直接的には友達関係が築けなかったという理由で、決して経済的な理由ではないんですけれども、そこに至るまでのこと、あるいは本来セーフティネットになるであろう学校や家庭がその役割を果たさなかったということです。

それと対照的な事例としては、21歳の夜間大学生の男性です。彼は、未婚のお母さんが出産して、おばあちゃん、おじいちゃんとの4人暮らしをしていました。父親は1回も見たことがないといっていました。この未婚のお母さんが精神的に非常に不安定で働けないので、お母さんの両親であるおじいちゃん、おばあちゃんが働いて家計を支えていました。しかし、彼が中学のときにこのおじいちゃん、おばあちゃんが仕事を失います。ただ、彼の学力は非常に高かったので、公立の進学校に進みます。ですが、高校に入った後におばあちゃんが亡くなり、おじいちゃんが認知症でグループホームに入ります。そうすると、精神的に不安定なお母さんとの2人暮らしが始まります。家は足の踏み場がないというような状態になって、彼自身も体調を崩し始め、学校に行けば大学進学の話を当然のように周りの友達はするわけです。しかも、何の経済的な心配もなく。そこに不公平感を募らせ始め、より一層落ち込んでいくのですが、ここで彼は学校の先生に相談をします。そうしたところ、学校の先生が、夜間大学というのがあるよということを教えてくれて、夜間大学に進むことになりました。

また別のケースですが、19歳の男性です。彼も幼いころに両親が離婚して母子家庭になります。このお母さんは非常にまじめで、よりよい生活をするためによりよい条件の仕事を求めて職を転々とします。なので、彼は小学校を4回転校しました。6年間の小学校で4回転校するということは、5つの小学校に行っているということなので、1校につき平均で1年ちょっとです。そうすると、友達ができなくて、友達づくりに苦労し始めます。友達欲しさに万引きをすることもあり、「盗ってこい」みたいなことをいわれて、いうことを聞いて友達にあげるといったようなことをずっとくり返していました。そして、学校で盗みを働いたというようなことで高校を中退して、その後、彼は空き巣とひったくりをし、これで保護観察処分を受けます。それまではまったく警察に相談に行くということもありませんでしたが、ここで初めて司法と接触をすることになりました。彼は家庭裁判所で少年院に入れてくださいと自分でいったのですが、少年院という判断を家裁はしなかった。保護観察ということで、就労支援を受けながら更生する道が選ばれました。警察にお世話になったことで初めて役所や司法による更生といったルートに乗ることができました。

次、18歳の女性です。彼女は父子家庭でした。とても明るいんですけれども、人の顔色を見てコミュニケーションをとる傾向があって、それはどういったことがベースにあるかというと、お父さんが再婚するときに、お父さんが抱えていた借金を再婚相手のお母さんが肩代わりしてくれたということで、お父さんはこのお母さんに頭が上がらなくなります。そして、このお母さんからのいじめが始まります。たとえば学校で必要なものを準備してもらえない、自分だけ旅行に連れていってもらえなかったというようなことです。そして、高校に行きたかったら施設に行って高校に行きなさい、でなければ、家を出て働きなさいという2つの選択肢を母親に突きつけられます。彼女のお姉ちゃんもそうだったんです。お姉ちゃんは児童養護施設に行って、ちょっと荒れたらしいんです。それを見て、私はあんなふうになりたくないと思って、中学卒業後、家を出て1人でファーストフード店でアルバイトをしながら暮らし始めます。この店に夕方になったら同年代の高校生が来て、勉強したりおしゃべりをしているのを見て、やっぱり私も高校生になりたいと思ったわけです。そこで、どうしたら高校に行けるかを人に相談したり、インターネットで検索をしたりするわけです。それで、定時制高校というのがあるということを知るのですが、保護者の承諾が必要なわけです。彼女は親にいろいろお願いするのが嫌なんです。何かをお願いすると交換条件を出される、それが非常に自分に不利なものなんです。だから、別の親戚を探そうとして、まず探偵に依頼するんですね。インターネットで一番最初に出てきた探偵事務所に連絡をして事情を話すと、君、そんなことをしている場合じゃないと。ちゃんと働きながら学校に行けばいいといって、自動車部品の組み立て工場の社長を紹介されて、そこで住み込みのバイトを始めます。この社長が保証人になってやるといって、保証人になってもらって定時制高校に入学することができるのですが、彼女は一度も給与明細をもらったことがない。毎月入ってくるバイト代もこんなものなのかなと思う程度だと。あるとき定時制高校の先生が、「おまえ、時給いくら?」と聞いたら、わかりませんと答えて、そこで初めて彼女の境遇が教員間で共有されることになりました。そして、ケース会議が開かれて、とにかくこの住み込みバイト先から出ることが一番だと。だけど、未成年なので自分一人で家を借りられない。最終的には、同じ高校で20歳を過ぎた男子生徒とつき合っていたので、この男子生徒と借りて一緒に暮らすと。保健の先生は大反対したらしいですけれども、とにかくそうして出るしかないというようなことになってその計画が進みますが、彼女はなかなか踏ん切れない。なぜかというと、社長にお世話になったという気持ちがすごくある。トラブルにもなりたくない。けんか別れもしたくない。だから、やめたいといっても、「おまえはもっとここで頑張れ」と言われたら、そうなのかなと思ったりしてなかなか踏み出せないということがあった。でも、いよいよどうするかとなって、結局夜逃げのような状態で彼女は住み込み先を出て、彼氏と借りたアパートに移って、新しいバイト先のスーパーでアルバイトをするようになりました。そうすると、ちゃんと働いた分だけの給与が振り込まれるようになって、そっちで働き始めてから会ったら彼女はちょっとふっくらして、顔色も良くなっていました。

そういった形で抜け出せたんですけれども、ここも学校の先生のちょっとした一言で初めて気づかれた。親が子どもから搾取するというパターンもあるということです。高校生ぐらいになると、いろいろな困難が絡み合い過ぎて何から手をつけていいかわからないような状態ですけれども、学校の先生が最初にスイッチを押すという役割をして、いろいろとつなげていって支援をしていく、こういったこともできるということです。

今までハイティーンの子たちのお話をしてきましたが、彼らとしゃべっていて私が一番つらいというか、苦しいと思ったことは、夢を語ったり将来について語ったりということがほとんどないことです。夢は何？　と聞いても、人並みの暮らしがしたいとか友達がほしいというんです。このことについて、中退者の多い高校の先生たちにその理由を聞くと、衝撃的な答えでした。夢を描かないことが自己防衛になっているんだ、と。描くと潰される。描いてもどっちみちかなわないということを小さなころから積み重ねているので、夢を見ないことが傷つかない手段になっていると聞きました。小さい子どもだと優先して保護されることも、高校生の年齢ぐらいになると、自分で何とかできるでしょうということで優先順位が下げられるということも大きな問題ではないかと思います。

様々な支援

こうした現状において、今、日本でどういうことがされているかについて紹介します。わかりやすい事例では学習支援というのがあります。経済的に苦しい家庭の子どもに無償でボランティアの人が勉強を教えたり、居場所づくりをしたりしています。これも生活困窮者支援ということで法的にも後ろ盾ができました。かなり初期の段階から学習支援をしている団体「さいたまユースサポートネット」が自治体に対して調査したところによると、答えた755の自治体のうち、既にやっていますよとか、あるいは17年度に実施しますよというのがほぼ半数ですが、実施予定がないというところも22・9％ありました。理由としては、財源がないとか担い手がいないといったことがあります。

ただ、これは単なる塾代わりではないんです。もちろん進学して貧困の連鎖から脱しようというのが大きな一つのスローガンにはなっていますけれども、それ以外に、教室を利用した子どもたちにどういった変化があるかというと、「以前より楽しいと思うことが増えた」と答えている子どもたちが6割を超えています。たとえば友達と仲よくなったとか将来に対する進学の見通しができた、そういったことも5割ほどになっています。ですから、勉強を教えるだけではなくて、精神面の底支えをするもので、学校では対応し切れない子どもたちを拾い上げる、そういう地域のセーフティネットのような存在になっているということです。

次に、育ちの支援の事例を紹介しますと、京都の山科区に「山科醍醐こどものひろば」というNPO法人があります。こちらは2010年から、夜ひとりぼっちで過ごす子どものための学習支援、夕食、遊び、お風呂の提供をしています。週1回、子どもが放課後に来て、大学生のボランティアと一緒に遊んだり宿題をしたりして、その後一緒にご飯を食べて、ちょっと遊んで、銭湯に一緒に行って自宅に送り届けるという支援です。遊んで、ご飯をみんなで食べて、お風呂に入って寝る。これは一般的に子どもが放課後自宅でやっていることです。ところが、いろいろな事情でひとりぼっちで夜の時間を過ごさなきゃいけない子がいて、ひとりぼっちで過ごすとついつい夜更かししたりして翌朝起きられなくて学校に行けないということもあるので、安定した生活があってこそ学習ができる、学習支援の前の生活を安定させるということです。

大阪府箕面市のＮＰＯ法人「暮らしづくりネットワーク北芝」はまた別の形で活動していまして、子どもの地域通貨「まーぶ」を発行しています。これは「学ぶ」と「遊ぶ」を掛け合わせたものです。地域の子どもたちがお手伝いとか仕事体験をすると、「まーぶ」が発行されて、これが地域で実際に１００まーぶ＝１００円の価値を持って使えるというものです。

始まったきっかけは夏休みです。普段は学童保育をしていて、放課後の居場所をつくっています。夏休みに子どもたちが来るのですが、お昼ご飯をもってこられる子はいいんですけれども、もってこられない子とか菓子パン1個、ラーメン一つという子たちがいて、その子たちの昼食をどうするかを考えたときに、ただ単に地域の人たちがつくってあげるというのではなくて、働いて、あるいは何か自分が社会のために役に立って、それが自分の生活の糧にもなるということを子どものころから体験してほしいということで、地域の人がつくった昼食を配膳したり後片付けをしたりしたら、まーぶをもらえるという仕組みを考えたんです。お手伝いをすれば昼食代が担保されるわけです。たとえば「草刈りする人、50まーぶ」といったら子どもたちが集まってきて、みんなが草刈りをします。館内には「やってほしい」というボードがあり、つまり求人票が掲示されています。「地域のニュースレター配り 時給１００まーぶ」とか「朝市の手伝い 時給50～１００まーぶ（働きぐあいによる）」とかいろいろ書いてあります。

ところが、これをしばらくやったら子どもたちのなかでまーぶの価値が下がってきたんです。「しょせんおもちゃのお金やん」みたいなふうに思われ始めて、それで何とかせねばということで、近くにキューズモールという東急不動産系列のショッピングモールがありまして、このモールが協力して「まーぶハローワーク」というのが月1回始まりました。20分いろいろなお手伝いをしたら100まーぶもらえて、この100まーぶはキューズモールで100円の価値を持って使えるんです。たとえば、クリスマスツリーの前で家族写真を撮ってあげるとかチラシ配りをやると100まーぶもらえる。これは、貧しい子だけを対象にしているのではなくて、どんな子どもでも来ていいんです。間口を非常に広くして、こういうイベントやっているよ、ということをアピールして、子どもたちとのつながりをつくっていくという手段です。

また、地元のローソンがこれに協力しようということで、そのローソンでもこのまーぶが使えるようになったり、地域の人たちの協力も始まったりしています。この「まーぶハローワーク」での金券の費用は企業が出しています。企業側にとっては販促費になって、子どもが来たら親も来る、ということは買い物をしてくれるだろうということで、そういう意味で協力をしているし、もちろん地域貢献という意味もあります。

次に、皆さんよくご存じの子ども食堂ですけれども、こちらも地域の人たちが何とかせなあかんということで始めたもので、いろいろなタイプに分かれています。誰でも来られるというタイプの地域再生・再編型のもの、困っている子どもたちにターゲットを絞って食事だけではなくて居場所も含めてやろうという貧困対策型とに分かれています。

地域の人たちは、普段見かける子どものなかに、「気になる子」というのがいる。ところが、声をかけにくいと聞きました。今は簡単に声をかけられないし、どう声をかけたらいいかわからない。ところが、ご飯があるからおいでよと誰にでも声をかけてそこに子どもたちが来てくれれば、顔見知りになれて話をするきっかけにもなる。要するに、地域の子どもたちと知り合う場としての機能を子ども食堂が持ち始めているということです。主催者は、企業、お寺、NPO、婦人会、飲食店など、いろいろなタイプが出てきています。

ここまでは民間の活動をご紹介しましたが、法的にどういうことが整備されているかといいますと、まず子どもの貧困対策法が2013年にできました。これは、主に教育、就労、生活、経済支援というようなことにターゲットが置かれて、特に義務教育の子どもたちを中心に考えています。中学生が高校に進学するときのことを主に想定して、どうやったら高校に進学できるかということが中心に置かれています。問題点としては、貧困率の削減数値目標がないということです。法律ができたときは子どもの貧困率は16・3%でしたが、何年までに何パーセントにしましょうという数値の目標がないということと、保育や医療についてはほとんど触れられていません。ただ、施行5年をめどに貧困の指標の見直しなどをすることになっています。施行5年にあたる2019年が来年ですから、議論が少しずつ進んでいます。

最近の国の動きとしては、先ほど申し上げましたように児童扶養手当の額が上がったり、夜の居場所づくりに補助金を出すとか、あるいは国が音頭をとって「子供の未来応援基金」という、民間企業や個人から寄附を集めて、支援している団体にその寄附を分配しましょうといったような基金ができたりもしています。

もう一つは、就学援助の入学準備金の倍増と前倒し支給も始まっています。就学援助とは、先ほどいいましたように、生活保護家庭とか生活保護に準じる低所得家庭に入学準備金として、たとえばランドセルとか制服代を準備するお金が支給されていますが、これまでは入学後の6月や7月に支給されていました。つまり、低所得家庭は購入時の2月、3月にいったん払わなければいけなくて、ランドセル、制服も高いですから、これを出すのが一苦労だったわけです。取材をしたお母さんたちは、1月の食費を相当切り詰めて、2月、3月の支払いに合わせるということをしていて、1月、2月が火の車になるわけですけれども、これに対してお金が必要なときにきちんと出しましょうという自治体が増えてきています。

次に自治体の動きです。まず実態の把握。この自治体で、子どもたちに何が起きているのか、どういう困難があるのかを知らなくちゃいけないわけです。ですから、自治体による実態把握というのも進んでいます。

沖縄県は、独自に県内の子どもの貧困率を出していまして、29・9%です。ほかにも、過去1年、食料を買えないことがあったかという質問に対して、ひとり親世帯は43%がそうだと答え、2人親でも25%がそうだというふうに答えています。そういった県内の状況が見えて、ここから対策を始めていくわけです。

東京都足立区は、小学校1年生に入学する保護者たちに調査をかけました。ここでは年収300万円未満、生活必需品の非所有、ライフラインの支払い困難経験があったというものを生活困難世帯としまして、それがどのぐらいいるかというと、小1入学時点で24・8％と出ました。これで足立区は、部門を超えて子どもの貧困対策をやっていこうということになって、全庁挙げて始まりました。

大阪府も子どもの貧困対策をするに当たって4万世帯ほどに調査をかけています。わかったのは、母子世帯の64％が年収300万円未満。全体だと大体年収600万円から800万円が一番多くて19％ですが、明らかに母子世帯が経済的に相当困難を抱えているということがわかります。

では、私たちはどんな点検やアクションをしていけばいいのかということで、一つは、学校給食に注目していただきたいと思います。主食とミルクとおかずを全部合わせて完全給食といいますが、小学校ではほぼ普及していますが、公立中学は都道府県の差が非常に激しくて、一番低いのは神奈川県です。理由は横浜市がやっていないからです。ただ、全体的に見ると関西は低いです。大阪市が最初デリバリー給食というのをやっていましたが、調理方式に変わりつつあります。滋賀県も低いですけれども、大津市が2019年度中に給食を始めるとしています。

学校に来ている間の昼ご飯を保障するというのはどういうことかというと、学校給食というのは栄養格差を縮める役割があるといわれています。新潟県立大学の村山伸子教授がある地域で調査をした結果で、貧困基準以下の子は、そうでない子に比べて朝食を毎日食べない子が多く、特に休日は約3割が食べていない。家庭で野菜を食べる頻度が少なめで、肉や魚の加工品、インスタント麺を食べる頻度が高いという結果が出ています。

また、学校給食がある平日は栄養格差は少ないですが、休日は差が開きます。エネルギーとなる炭水化物、脂質、たんぱく質のうち、収入が低くなるほど炭水化物の摂取量が多くなります。これは安いからですね。逆に収入が増えるほど、肉などの動物性たんぱく質やビタミンなど栄養素の摂取量が多い傾向にあるということなので、学校給食があるというだけで大分違ってきます。

中学校で給食がないと就学援助の給食費の補助がありません。だから、低所得家庭ではもろに昼ご飯代をかぶるわけです。ところが、学校給食をやっている自治体であれば、もし生活保護や低所得であれば就学援助で給食費が出ますので、それでカバーできるということになります。ですから、栄養のみならず、経済的な負担の差も広がります。中学校給食の実施は住民の力で押せるものではないかと思います。

生活保護家庭の全日制の進学率は7割を切っていまして、定時制や通信制に行くことがあります。その定時制の給食の実施と食生活についてのデータをご紹介します。

北海道の公立の定時制生徒に聞いたある調査では、朝食を1人で食べているというのが68%で、朝食を毎日食べる子は35%、まったく食べない子が35・3%。1回の食事が抜けますので、夜間の定時制でしっかり給食を出すということは、食事1食分を保障しているということにもなります。

それから、埼玉で同じく定時制の生徒に聞いているものですが、朝ご飯を食べていない子が35%、昼ご飯を食べていない子が15%、夕食を食べていない子は1・6%、1日1回しか食事をとっていない子が5%いたということです。

給食の摂取と中退との関係ですが、夜間定時制高校を卒業・進級した子の給食摂取率と、進級できなかった生徒の給食摂取率を見ると、明らかに給食をとっている子のほうが進級・卒業できている調査結果があります。中退防止として給食を実施するという考え方があるのではないかと思います。

次は、生活保護についてです。奨学金が収入認定されるということもありましたが、これも当事者からの訴えで少しずつ改善が見えてきていますけれども、今も奨学金のみならずほかの点でも収入認定されてしまいそうなケースがあります。というのも、今、子どもの貧困が注目されるようになって、民間団体からの現金給付もありますが、生活保護世帯の子どもにとっては、現金給付されると収入認定され、保護費を減額されてしまうのではないかという壁があります。

外国での支援事例

次に、他国の例を紹介していきます。

イギリスやアメリカの小学校では朝ご飯給食も出しています。私が訪れたのはイギリス北西部のブラックプールという街で、海沿いにあります。イギリスの保養地といわれていて、季節労働者が多い。シーズンになるとたくさん人が来るけれども、平時はそうでもないということで、貧困率も高い街ですが、ここは全小学校で無料の朝食を出しています。何で全員を無料対象にしているかというと、たとえば年収200万円未満としますと、じゃあ205万円、210万円の家庭は無料じゃないのか、どれだけの差があるんだと。その線引きをすることで取りこぼす子がいると。あるいは、申請をしてもらうとなると、申請をしない親がいる。ここでも取りこぼす。無料で食べている子、有料で食べている子と分けると、レッテルばりみたいなことも起こるということで、最初から全員無料で始まりました。朝ご飯を食べることで日中落ちついて授業を受けられるようで、かなり態度が落ちつくということで効果があらわれているといわれています。

またロンドンのとある小学校では「朝食クラブ」と呼ばれ、希望者のみ対象です。料金は低所得の子は免除されますが、そうじゃない子は払わなくちゃいけません。朝食クラブで食べられるものは、シリアル、パン、ベーグル、フルーツやジュース類で、こういったものは民間団体が運んで配布しています。配布している民間団体は、もともとはロンドンの荒れている7校で始めたそうです。そこで朝食を出し始めたら、今まですぐにけんかしていた生徒たちがすごく落ちつき始めたということで、そこで手応えを感じて、それでどんどん拡大をしていって、今は全英に広がっています。「うちに来てくれ」という学校が多くて、待機している学校がたくさんあるということです。

日本の子ども食堂というのは夜ご飯中心ですけれども、朝ご飯を必要としている子たちもたくさんいるということです。このことは大阪府の子どもの貧困に対する大規模調査でもわかっています。中央値以上、つまり貧困線より上の人たちということですが、ここで朝食を毎日あるいはほとんど毎日とっているという子は92・1%ですけれども、一番貧困度の高い家庭（困窮度Ⅰ）だと、毎日朝食を食べている子は80・1%、つまり12ポイントぐらい差があります。夜ご飯はあまり差がなくて、1ポイントぐらいの差です。ですから、朝ご飯についても検討が必要ではないかということがわかります。

次に、アメリカの民間の活動を紹介します。

学校にフードバンクが来ています。週1回、地元のフードバンクが集めた食料を学校にもってきて、子どもを送りに来た親が自由にもって帰れる。この学校の児童の親だったら誰でもよくて、貧しい人だけに配るのではなくて、どんな親でももって帰っていいよと。しかも、子どもを必ず学校に送り届けるので、そのついでにもって帰れるということです。

食料だけではなく、衣類や日用品についても類似の取り組みがあります。マサチューセッツ州のある街では、服などを学校にストックしておいて、必要な子が自由にもち帰れるというクローゼットをつくっています。シャンプーやサニタリー用品、靴も置いています。始められたのは民間の方です。難病で亡くなった姪っ子が高校生のときに、着る服がなくて学校に来られない友達がいるという話を家族にしていました。そのことを家族が覚えていて、彼女が亡くなった後にＳＮＳで洋服などを集め始めて、最初は自宅でやっていたんですけれども、物がたくさん集まって、とうとう空き倉庫を使って、今は何十校にも分配しているということです。とにかくまずは学校に来ることが大事だと。来て勉強することで子どもの貧困の連鎖を断ち切っていくという一つの手段として、まず学校に来てくれなきゃいけないということで、学校に来るその動機づけとしてこういうものをもって帰れますよという活動です。

他には、ビニール袋に6食から7食分の食べ物を入れて、先生が児童のバックパック（ランドセル）に金曜日の放課後に入れておいて週末食べられるようにする活動があります。フードバンクが中心になってやっています。お年寄り世帯とか生活困窮者世帯にも配っていますが、特に子どもにターゲットを絞ったものを「バックパックプログラム」という名前をつけて実施しています。フードバンクだけではなくて、とある地方都市では老夫婦がジップロックの袋に7品目入れて、学校の先生が「この子は必要だな」と思う子のランドセルに入れるという活動をしています。

次に、地域の課題と活動を関連付けた活動の紹介です。食料砂漠（アメリカは広過ぎて新鮮な野菜や生鮮食品が届くまでに時間のかかる地域があり、生鮮食品を売っているお店が周りになく、入手しづらいこと）の地域では食事が偏って、加工品ばかり食べて肥満になったり、病気のリスクが高まって仕事につけなかったりして貧しくなったりします。そうしたサイクルを断ち切ろうということで、なかなか仕事につくことが難しい若者たち、たとえば親にずっと虐待されてきて人間関係を築くのが難しいという若者の職業訓練として、地域でコミュニティガーデンをつくって、そこでとれた野菜などを使ったコミュニティカフェを週1回開いています。料金も、無料、5ドル、10ドル、15ドルの4種類があって、5ドルだと自分の分だけ、10ドルだと誰かもう一人の分も払ってあげる、15ドルだと人件費も出せますという料金を選べて、払える人は払うという形にしています。私も食べましたけれども、すごくおいしかったです。

学校でも野菜づくりに取り組んでいまして、高校生たちが農業を学んでつくって、地域の人たちにその新鮮な野菜を売る、あるいは地域の飲食店におろすといったようなフードビジネスまでを考えて生産し始めるという活動を始めています。NPOがバックアップしています。

最後に

最後に、振り返って日本の子どもの貧困対策をこの後どうするのかということについてです。まず、法律ができたからといって魔法のように解決するかというと、そうではないということはイギリスの経験からいえます。イギリスは子どもの貧困法が２０１０年にできましたが、政権交代後に対策が後退しています。

また、一市民としてできることに取り組むことと、構造的問題は別で考える必要があります。市民の活動は非常に尊い行為です。子ども食堂や学習支援をやることで問題意識が広がって、いろいろな効果が生まれてきます。一方で、目の前にいる親子の困り事、たとえばおなかがすいているとか塾代がないとか孤立しているというような困り事に対して対応することと、根本的に目を向けなくてはいけないこととの区別は必要です。アメリカはもう何十年も貧困と闘っていますけれども、格差は縮まっていません。根本的な解決には何が必要なのかということを考えなければなりません。構造的問題ということになると思います。これは非常に見えにくいです。だけども、それに気づいて理解してアクションしていくということが大事です。構造的問題として子どもの貧困で挙げられるのは、ジェンダー平等だと思います。さらに、教育を受ける権利、賃金格差、これはジェンダーに吸収されるかもしれませんけれども、こういった構造的問題に着手していく、みんなが気づいて声を上げていくということがこの問題を解決していくエンジンになると思います。

第5章

生活に困った市民に行政はなにができるのか

――基礎自治体だからこそ取り組めること

生水裕美（滋賀県野洲市市民部市民生活相談課長）

生水裕美（しょうず・ひろみ）　野洲市市民部市民生活相談課課長。平成23年2月～4月、内閣府の「社会保障改革に関する集中検討会議」一般委員。24年より厚生労働省の生活困窮者支援事業の検討会委員就任。平成29年5月～社会保障審議会（生活困窮者自立支援及び生活保護部会）臨時委員。一般社団法人生活困窮者自立支援全国ネットワーク理事。

「相談」はおもしろい

私、滋賀県の湖南に位置します人口5万人のまち野洲《やす》市というところで相談業務を担当しております生水といいます。行政――市役所がどういった形で市民さんのお困りごとについて対応やお手伝いをさせていただいているかということを、いろいろな事業を踏まえて皆さんにお伝えしたいと思っています。お手元の「平成29年度 野洲市生活困窮者支援事業実績報告書」(野洲市ホームページ <www.city.yasu.lg.jp> からダウンロードできる)が1年間やったことを取りまとめたものですので、またお時間のあるときにごらんいただければ、こういうことをやっているんだなということをわかっていただけるかと思います。

私は、平成11年4月に合併前の野洲町(当時3万6000人の町)に消費生活相談の窓口が新設されたときに消費生活相談員として勤務しました。当時は嘱託の非常勤で入ったのですが、平成20年に正規職員の採用試験を受けまして、そこからは正規職員になりました。現在孫が2人います。娘が2人いて、2カ月違いで子どもを産んだものですから、双子みたいな男の子です。

私がいつも思うのは、「相談はおもしろい」ということです。そのおもしろいというのは、「ははっ」と笑うようなおもしろさではなくて、世の中にこんなことが起こっているんだなということがわかってくることです。さらには相談者から大切なことを学ぶことができます。いくら研修しても勉強しても知識が身につくというものではなくて、目の前にいる相談者の方からしっかりとお話を聞くことで、解決のためには何が必要で何をしなければならないことを学ぶことができるのです。本当に大切なことはすべて相談者が教えてくれるのです。日々学びと成長です。そして、真実はどこにあるのかを探す作業、これが消費生活相談の仕事です。ちょうどジグソーパズルのピースを積まれているところから1個1個当てはめていく、こんな作業が消費生活相談かなと感じています。

いろいろな事例がありますが、一番感じるのは、相談を通して相談者がどんどん強くなっていくということです。たとえば悪質業者の被害を受けると、多くの方が「自分が悪いんだ」といわれますが、相談をくり返すことで、だんだん逃げずに立ち向かうようになっていき、そうすると、今まで自分が悪いんだと思っていたところが、事実を整理し知ることで、自分が悪いのではなく、悪い業者に立ち向かって解決していくことが大事だと自分を肯定していく自己肯定感に変わっていかれます。

平成16年ごろに悪質リフォーム詐欺がむちゃくちゃはやりまして、床下点検と称して家に訪問してきます。このままでは家が腐りますよ、倒れますよ、危ないですよということをいって、高額なリフォーム工事の契約をしていく詐欺の被害が多く発生しました。

私が実際に床下に潜って写真を撮りました。床下の石から外れてゆがんだ柱がありますが、これは工事の後です。これで工事終了です。それから、白いものが置いてありますが、これは調湿剤といって、床下は湿気を吸ったり吐いたりしますが、これで湿気がたまりませんとかいうわけのわからんものをまかれています。この宇宙船みたいなものが換気扇です。床下で換気扇を回しても回した空気が出ていくところがないので、何のこっちゃわかれへんようなものです。こういうところに訪問検査に行っては床下に潜って工事の状況を把握し、そして相談業務として業者と解約等のあっせん交渉していました。

事例を紹介します。70歳のひとり暮らしで天涯孤独の女性で、この方は結婚されずに、本当に誰も身寄りのない方でした。相談内容は、半年前、マンホールの点検と称してやって来た事業者から、「床下がひどく湿気ている、このままではシロアリが発生して腐ってしまうので危ない」といわれて、先ほどの床下換気扇とか調湿剤の設置工事費200万円の契約をされました。それから、相談に来る5日前、今度は半年点検といって同じ業者がやって来て、今度は「基礎のひび割れが出ている、このままでは家がだめになる」といわれて、またひび割れの補強工事50万円の契約をされました。相談者の方は、この50万の契約を解約したいとの相談でしたが、「いやいや、半年点検で来たならそれ以前の契約があるのでは？」、と聞いたら、半年前の200万円の契約がわかったんです。

5日前の50万円の契約についてはクーリング・オフの処理をし無条件解約ができました。だけど、半年前の200万円の工事契約はもう終わってしまっていて、お金を取り戻さなくちゃいけません。あっせん交渉といって業者との間に入ってお話をしていくんだけれども、何と私、「ばばあ」といわれたんです。電話口で「ばばあ、ばばあ」といわれて、「見もせんというな。見てからいえ」というので呼び出したんです。呼び出した事業者は「この工事はまったく問題ない、適切だ」というので、今度はシロアリ対策協議会というところに頼み込んで、床下の専門家が5人ほど来てくださって無料で床下調査していただいた結果、工事はまったく効果がないという結果報告書をまとめてくださいました。これをもって滋賀県の消費者問題に取り組まれているめちゃめちゃええ弁護士の先生のところに行きまして、「先生、お金はないけど頼む。勝ったら先生、お金取ってくれてもいい」ということでお願いに行ったんです。そして、その先生に受任していただきまして、業者がお金を一切返してこなかったので裁判になりました。それで無事勝ちまして、全額回収することができました。

この相談者は最初は「自分が悪いんだ」と泣いてばかりいて、ちっこいおばあちゃんだったんだけど、裁判の場に出てきたらだんだん強くなってきはって、ぴっと背筋も伸びて、最後のときには口紅までばっちり引いてね、本当に強くなりはったなと。よかったと思いました。

「ばばあ」といわれましたので、10倍返しです。勝ったので、マスコミで報道してくれということで、すぐに新聞報道されました。裁判の内容は堂々と出せるので社名公表と同じ効果があります。それから、県にもずっと事案について報告をしていたこともあり、業者は県から行政処分されました。さらに、新聞報道が出たことで、警察が捜査に入り逮捕になりました。そして、息の根がとまって業者は解散。10倍返しですね。これによって被害の未然防止、拡大防止につながります。単に一つの事案を解決してお金だけを取り戻すだけではなく、次に行かないようにというところまで徹底的にするのが野洲市の目指すやり方です。

消費生活相談というのは個別救済だけではなくて、その後の未然防止や拡大防止にもなっていきます。たとえば、相談内容をＰＩＯ－ＮＥＴというシステムに入力すると、国や警察などいろいろなところが読んで、それが行政処分につながるので、私はラブレターを書くつもりで、届いてくれ届いてくれということで書いています。これは全国の消費生活相談にもつながっているので、消費者の方が相談すると、そういう悪質な事業者の情報が網羅されていって、それが法律改正や新しい法律にもつながっていきます。それは現場が国の仕組みを変えるということを一番実感したことであり、現場から声を上げることの大切さだと思います。

私が平成11年に相談員になったときに、12年、13年、14年と一番ひどかったのはヤミ金です。当時「ヤミ金」という言葉はなくて、小口融資といわれていました。登録のない無登録業者はヤミ金と呼ばれていますが、間違いなく犯罪です。でも、当時の警察は民事不介入といって、借りた者の責任だといってなかなか入ってくれなかったんです。年利1・1％みたいなことを書いてダイレクトメールが来て、それを信じて借りた人がひどい状況になっていく。それは借りた者が悪いわけじゃないですよね。1・1％と謳っているからそれでだまされてしまうのです。

八尾市のヤミ金の事件がありまして、ここから国は大きく変わっていきました。平成15年6月14日に高齢者3人の方がヤミ金のひどい取り立てを受けて、八尾の踏切から700メートル行ったところで飛び込み自殺をされました。そのときに初めて世の中に報道がされて、今まで借りた者が悪いといわれていたのが、「こんなにヤミ金の実態はひどかったのか」ということが報道されたことで議員も動き、国も動き、そして7月25日にヤミ金融対策法ができました。すごくスピーディーにできたんです。なぜかというと、現場の事実を知ることで世の中の意識が変わって法律が変わるからです。「知ったものの責任　伝えることの大事さ」、これを私は一番学びました。

当時、金融庁がおもしろかったんです。法律をつくることだけが国の仕事だと思っていたら違ったんです。法律をつくってそこに魂を入れる作業を一緒にやろうということで、被害者の会、弁護士、司法書士、官民いろいろな方々と力を合わせて改正貸金業法という法律を一緒につくり上げていきました。国の官僚というのは、私が知っている限りではもっさい官僚ばかりじゃなくて、ほんまによう働いてくれる志をもった官僚さんもぎょうさんいて、現場を知らない官僚が現場で必要なことを知るために精力的に全国の現場を歩かれたし、また現場の実情を伝えるとそれが制度に変わっていく、このすごさというのを本当に痛感しました。事件は現場で起こっているんだということです。

私は平成20（2008）年に自民党の消費者問題調査会に呼ばれまして、ここは後藤田正純さん、現総務大臣（講演時）の野田聖子さん、森まさこさんが当時の委員メンバーでした。消費者庁創設を検討する委員会だったんですが、そこで私は「いくら国に立派な省庁をつくってもあきません、地方が疲弊していたらだめだ、地方が元気にならないと本当に国の消費者行政はよくなりません」ということをいってきました。野田さんが座っておられたんですが、めっちゃにらまれてたんです。「うわ、こわー」と思ってたら、それはにらんでいたんじゃなくて、一生懸命私の話を聞いてくれてはったそうで、この年の8月に野洲市に視察に来てくれはりました。本当に思いのある方でした。

さらに、5月28日には参議院消費者問題に関する特別委員会に参考人として呼ばれまして、「消費者現場で一番大切なものは何ですか」と松井孝治議員の質問を受けて私は「職責に応じた権限が要る」と答えました。消費生活相談員は全国ほとんどが非常勤であり正規職員ではないので、権限がありません。だからこそ消費生活相談の向上のためには必要ですということを伝えてきました。ただ、いくら権限が大事だといっても、正規職員は権限をもっていますが、正規職員がその権限を使わないと事業というのは進んでいかない。だからこそ権限は使うためにあるんだということを私は学んできたので、平成20年、正規職員になってからどんどん権限を活用して事業を始めています。それが今からお話ししていく生活困窮者支援の事業につながっていきます。

ドウタククんの生活支援

前置きが長かったですが、ここから生活困窮者支援について皆さんにお伝えしていきます。

野洲市は人口5万人、高齢化率は25・4％で標準ぐらいかなというところです。市役所も小さくてコンビニみたいな市役所ですが、ただ唯一、正面玄関が自動ドアなんです。入ってすぐ右手のところに市民生活相談課があります。非常にオープンな場所に相談窓口があります。隣が市民課で、多くの市民さんが住民票とかを取りに来られます。その待っているブースの前に市民生活相談課がありますから、ここで相談できるんだなということがわかっていただけます。うちは転入してきた市民さんに、「暮らしに困ったら市民生活相談課に相談ください」という案内チラシを入れています。いわゆる相談の水際作戦です。

納税推進課の前に「やすワーク」がありますが、市役所のなかにハローワーク機能を設置しました。これは国の事業で全額国負担でやってくれるので、市の予算はいりません。後で説明しますが、ハローワークと同じ端末機と人も派遣いただいています。半個室の相談ブースは納税推進課の前にあるのでちょうどいい感じです。正面玄関から歩いて15歩でうちの窓口に到着します。

野洲市は「くらし支えあい条例」というのを平成28年10月につくりました。これは何かというと、先ほどお話しした消費者行政とこれからお話しする生活困窮者支援を包括的に取り込んだ条例です。このなかで、野洲市内で訪問販売をするときには登録を義務づけ、登録がないと野洲市内では訪問販売ができないという規定をつくりました。これは全国初めての規定なので、後に続いてくれたらいいなと思っています。

この条例のなかで今日のお話に関係するものとしてまず生活困窮者支援については、生活困窮者自立支援法という国の法律が平成27年4月にできまして、全国の多くの自治体は今その法律に基づいて事業をされています。暮らしに困った方、生活に困窮されている方のお手伝いや支援を全国の自治体が行っています。相談窓口をつくらなくちゃいけませんと義務化されている法律です。ただし、この生活困窮者というのは誰のことを指すのかというと、法律の定義では経済的困窮者です。しかし、野洲市のくらし支えあい条例は、それプラス地域社会からの孤立、いわゆるひきこもりやごみ屋敷などの社会的孤立といわれているものも含めています。それから、「その他の生活上の諸課題を抱える市民を言う」ということで、はっきりいって人口5万人がほぼそうです。ちょっと困ったわといえば、うちの条例の適用ありになります。

第23条は「市は、その組織及び機能の全てを挙げて、生活困窮者等の発見に努めるものとする」とありますが、私の一番好きな条文です。条例というのは、市役所を縛り、市の職員を縛ります。なぜかというと、市の職員が条例に基づいてちゃんと働かなかったらアウトで、市民に対する宣言として規定しました。

今からこの23条について、どのようにして発見に努めているのか、どのような手法で困っている方の発見をしているのかということを野洲市のゆるキャラを使って説明していきたいと思います。

日本最大の銅鐸が発見された野洲のゆるキャラ「ドウタクくん」を紹介します。

誕生日は１９８８年11月１日、身長１９５センチ、特技は筋肉トレーニングで、腹筋を１００回します。ただ、今、結婚したてなんでちょっと弱っています。ただし、ゆるキャラ全国運動会というのがあるんですが、ここでＶ２しました。マラソンとすもうで１位、ダンスで３位でした。何でかというと、ほかのゆるキャラはみんなかわいらしいんだけど、うちは手足が人間なのでめっちゃ速いんです。

それから、あくまでフィクションですが、ぴかぴかの妻と子どもは３個います。親族は24個います。銅鐸を掘ったら一気に24個掘れたということが有名で、多く掘れて、そして大きさも日本一ということで、親族24人。大きさ日本一のものは今東京の博物館にいまして、野洲に帰ってこなあかんけど、交通費がなくて帰ってこれません。

さて、そんなドウタクくんに市役所から手紙が来ます。学校教育課から「給食費払って！」、上下水道課から「水道料金払ってよ！」、住宅課から「市営住宅の料金払って！」、そして「固定資産税、国民健康保険、軽自動車税払ってよ！」と納税推進課から来ます。

今日、自治体の方はどのぐらいおられますか。自治体の方ならおわかりだと思いますが、市役所が持つ債権――払えていないお金というのはばらばらに来るんです。クレジットカード会社みたいにまとめて１枚の明細では来ません。それぞれの部署から来るから生活に困っている人、いっぱい滞納している人は、どこに何があるかわからない、こういう状況です。

野洲市は、納税推進課から１回目の督促状を出すときは、借金がある方は連絡してきてくださいというピンクのチラシを全員に入れています。ここが一つポイントで、お問い合わせ先の１番目を市民生活相談課、2番目を納税推進課にしています。通常は、納税推進課が1番だけれども、うちは市民生活相談課にしています。こういうのを出して相談につながることもやっぱり多くあります。

ドウタクくんが市役所の待ち合いブースで待っています。相談者は相談に来ることが怖くて、怒られるかもしれないというのでとても勇気が要ります。やっとドウタクくんが勇気を出して納税推進課の窓口に来ました。さっきのピンク色のチラシを見てやって来たんです。

ブースへどうぞと、先ほどご紹介した納税推進課の前にある半個室のブースへご案内します。奥に入っていただくと通路から見えませんので、ここで相談者の方からゆっくりお話を伺っていきます。

納税推進課の職員が、「ドウタクくん、どうしたん？　軽自動車税と国民健康保険が滞納になっていますよ」ということをいっていきます。そのときに納税推進課の職員は何をするかというと、払ってくれ払ってくれとばかりいうのではなくて、まずは「もしかして借金とかほかに何か困っていることはないですか。他にも滞納はないですか」ということを聞き取っていきます。ドウタクくんが「実は、結構困っているんです」ということをいってくれれば、じゃあいい人を紹介しましょうということで、税の職員が15歩ほど歩いたところにある市民生活相談課に走ってきて、「今、納税相談で借金がわかりました。ちょっと来てください」と呼びに来ます。納税推進課から呼ばれた市民生活相談課の相談員は相談ブースに同席します。市民の方にあっち行ってくれ、こっち行ってくれというのではなくて、コンビニみたいな小さい市役所なので、職員のほうが動いて、相談者をあちこち動かすことはしません。ここで同席して聞くことによって個人情報を一緒に聞けますので、そこで同意もとっていくことができます。

それで、ドウタクくんに「いろんな相談していきましょうね」と。「はい、わかりました」、こんなことをすぐいう相談者はいないです。市役所には不信感もありますし、ましてやお金払ってよといわれているのに、そんなん相談して何になるねんみたいな感じですので。そこで相談することが自分にとって大切だよ、お得だよということをわかってもらうように努力します。特に関西人は得やと思わないと心を開かないという特性があるので、相談したほうが得やんと思うような感じで話をしていきます。

やっと説得して、相談していきたいなと思ってくれたら、お話を聞く前にまずやってもらうことがあります。個人情報の同意書といって、相談申し込み――私は相談することについて自分の個人情報を提供します、それを生活再建のために必要な支援に使ってもいいですよという個人情報の同意書をとらせていただいています。

この同意書をとってどうするのかですが、市役所には債権としていろいろなものを抱えている課があります。たとえば住宅課は市営住宅、上下水道課は水道料金、学校教育課は給食費、保険年金課は介護保険料、こども課は学童費や保育料、高齢福祉課は介護保険料など、いろいろな債権があります。ドウタクくんは納税推進課から発見できたけれども、ほかにもあるかもしれません。そこで、ドウタクくんから同意をとって、こちらで調べてもいいですか、その調べた情報についてチームで共有してもいいですかという同意です。そして、今度は知った情報について、これから債務整理をお願いしていく弁護士や司法書士、あるいは、生活福祉資金貸付や金銭管理サービスを行う社会福祉協議会にも情報提供していいですかという包括的な同意をとらせていただいています。

もっと聞き取りをしていきます。「ドウタククん、給食費の滞納もあったね」、「はい。でも、いろんなものが来てるからわかりません」、「じゃあ、こっちで調べていきましょう」と、職員がいろいろな課に確認に行きます。給食費の滞納は学校教育課、水道料金の滞納は水道課、市営住宅の滞納は住宅課に聞いていきます。ただ、このときに聞くだけじゃないんです。「ドウタククんの相談を受けています、困窮状態です、これから内容を調べていくので、家計相談でいろんな状況がわかるまでいったんちょっと待っていてくださいね」という状況をちゃんとお伝えして、そして、水道課とか介護保険税とか市営住宅などの滞納請求をいったんとめます。相談してからまだばらばらと請求が来たらお得感は全然ないけど、相談したら請求がとまるやんとなると結構お得感があるので、この人ええ人と違うかと思ってもらえるから、そこで滞納請求をいったんとめていきます。大体1～2カ月ぐらいで家計状況がわかっていきます。全体の家計状況がわかった段階で分納の計画相談をします。

もっともっと聞き取りをします。「ドウタククん、ほかに家族のほうどう?」と。「実は、ぴかぴかの妻がふさぎこんで曇ってきてます」ということをいってくださると、「そしたら、大変だからいろんなことを一緒に相談していこうね」というお話をしていきます。このときに大事なのが、相談者はドウタククんだけど、ドウタククんだけの問題を解決してもその世帯の解決にはなりません。ドウタククんが一緒に住んでいる妻や子ども、子どもたちはちゃんと学校に行っているか、おじいちゃんおばあちゃんがいたら、おじいちゃんおばあちゃんは必要な介護サービスを受けているかとか、その家族全体の困り事を整理して聞いていきます。世帯丸ごと支援、これがとても大事なことです。

そこで課題を整理していきます。税金滞納がある、給食費が払えない、借金もある、収入低下、市営住宅の家賃を滞納している、妻がうつ状態、生活費がない、家計の見直しも必要、食糧もない、こういうふうにいろいろな課題を一緒に聞いて整理をしていくことがとても大事な作業で、何が大事かというと、単に課題を出すだけじゃないんです。相談者は非常に疲れて困って悩んでいると、今自分はどんな状況にいて、何に困っていて、何が問題でどうしていったらいいかということを考える余裕もないし、気力がありません。そこで、相談を通しながら、今自分はこんなに困っているんだ、こういう問題があって、こういう課題があるからこういうことをしていかなくちゃいけないんだなという自分の状況がわかるんです。相談を通じて、受け手と相談する側が一緒になって課題の整理をして、相談者が今いる立場、今いる課題について一緒に考えていく、この作業がとても大事なことになります。

この課題を整理したなかで、スクリーニングをして、これだったら相談者が1人で解決するのは難しいねとなれば、法律で定められている自立相談支援機関が継続してお手伝いしていこうということを決定していきます。

その決定をする前に緊急支援として、食糧がないと食べ物に困っていくから、まず食糧支援をしています。野洲市では予算をつけて、これはいわゆるフードバンクの野洲市版、市役所版みたいなもので、地域の農家さんから寄附をいただいてお米を確保したり、あとは缶詰などの腐りにくいものをいろいろプールさせてもらっています。お米は精米して置いておくと虫がわきやすいので玄米でもらって、精米は30キロ400円なので、それはさすがに予算がつかないのでしょうがないからポケットマネーで出しています。野洲のお米はおいしいので、よかったら買ってください。

それから、市営住宅の家賃を滞納していると、これは生活困窮者自立支援法のなかで一つ手段がありまして、最長9カ月間家賃の手当分をもらうことができる住居確保給付金という制度があります。これは、家賃を払えなくて追い出されるかもしれないという人が就職活動をすることを条件に、生活保護費に決められた住宅扶助費、住宅費を上限に家賃の手当をもらうことができます。

ドウタクくんの生活再建プラン

一緒に課題の整理をした後、生活再建のためにプランを検討していきます。相談者も交えて、生活保護のケースワーカーや学校教育課などいろいろな職員が来て、どうしようということを一緒にみんなで知恵を出し合います。1人の相談員が全部知っているわけではないので、あの職員にこのサービスを聞いてこようとか、ここならいい知恵を教えてもらえるなということで声をかけて、一緒にみんなでプランを考えていきます。

さっき給食費を払ってよといってた学校教育課の職員が、「ドウタクくん、払われへんかったら就学援助申請ができるよ」ということを情報提供していきます。その横に座っている納税推進課の職員が、「そうか、そんな手段があったんか」ということを学びます。市の職員というのは縦割りといわれているけれども、よその課には何があるかはわからないんです。それは組織が大きくなればなるほどわからない。でも、こうして一緒に相談を受けることで、次からは就学援助申請を納税の職員も学ぶことができます。こうしてお互いに情報共有していくことができる究極のＯＪＴだと思っています。

先ほど出た課題を整理して、プランを策定し、サービスを活用していきます。食糧なし、住まい、家計相談、この3つだけが市民生活相談課がやった仕事で、あとは保険年金課、学校教育課、健康推進課などいろいろなところのサービスを活用します。生活困窮相談は、一つの課、1人の職員、1人の相談員だけでは絶対に解決しないです。いろんな課が連携して、この市民のためには何ができるか、何をすればいいか、一緒にお手伝いをどうしていこうかということをやっていかないと、本当の意味の生活再建にはならないです。これが庁内連携の一番大事なところです。

では、ここからは法律家との連携について説明していきます。

野洲市では、弁護士会や司法書士会は紹介していません。弁護士会が悪いわけじゃなくて、弁護士会に紹介するとどの先生がつかれるかわかりませんので、顔の見える先生とのつながりということで、野洲市のやり方に協力・理解してくださっている10事務所ほどを紹介させてもらっています。市役所が紹介する仕事はまったくお金にならないですが、お金にならなくてもちゃんと受けてくださる先生方が滋賀県にはいますから、先生にお願いしますということを連絡します。

債務整理について法律家のお仕事を紹介します。たとえドウタクくんといえども必ず相談者と面談して、相談してから受任していきます。これはもうかれへんから受任せえへんということはなくて、ちゃんと受任をしていただきます。受任すると先生は何をするかというと2つあります。まず、受任をしたという受任通知というのをカード会社や消費者金融業者に送ることで、今までやいやいと請求がかかってきたのがいったんとまります。先生が受任通知を送ることで請求がとまるので静かな環境になりますし、先ほどの野洲市からの請求書もとめていますから、本当に静かな環境になります。

もう一つは、先生が取引履歴というのを取り寄せます。10年前から借りているなら10年前からさかのぼって履歴を取り寄せて、そして正しい金利で引き直しをしたら、もしかしたら500万円の借金があると思っていたら、それがなくなっていて過払いが発生しているかもしれない。減額されているかもしれないということがわかるので、本当にある借金の額を確定します。これが取引履歴を取り寄せる作業です。この2つがポイントになります。

そして、受任いただいた先生からは必ず連絡がありまして、こういう方針でやっていきますというフィードバックがちゃんとあります。「ところで、ドウタククんがさらに仕事がなくなったって嘆いていたよ」という話が伝わってきます。実は、相談者が相談員に全部を話すことはなくて、いろいろな方にいろいろなことをちょこちょこと話すこともあるので、そのときにどう情報共有していくかです。そこで、ドウタククんの仕事が減ったって人気者がどうしたんやろうということでドウタククんに聞きます。「ドウタククん、どうしたん？　仕事減ったの？」「実は、有名なゆるキャラに取られて仕事が減りました」「じゃあ、仕事の紹介をするから、やすワークを使っていこうね」。

やすワークは納税推進課の前にあります。これはどういうものかというと、就労支援をするハローワークと生活支援をする市役所がその方の支援を一体的実施として運営し就労のプロのハローワークと生活支援のプロの市役所が一緒にやっていくということです。これは全額国のお金です。運営については、毎日1時間を5枠5人、予約制で個室でていねいに相談させていただいています。毎日ハローワークから就職ナビゲーターという方を派遣していただいて、そしてハローワークとまったく同じ端末機を2台設置していますのでここで情報が見られて紹介状も発行することができます。就職ナビゲーターと市民生活相談員の相談員、そして相談者につく支援員――たとえば生活保護を受けている方であればケースワーカーであったり就労支援員さん、あるいは母子家庭の方なら母子支援員さん、障害がある方だったら障害の支援の相談員さんと、いろいろなそれぞれの支援員がついていきます。

このときに相談者が午前中しか働けませんといわれても、じゃあ午前中の仕事を紹介しますということはしません。どうして午前中しか働けないんですかという理由をうかがいます。実は、親の介護があって午前中しかヘルパーさんが来ないので昼からはお仕事はできませんといわれたら、ケアマネージャーのほうに連絡をして介護プランの見直しをしていきます。介護プランの見直しをして環境調整をし、そしてその方が働けるような環境を整えて就労支援をしていきます。ですから、時にはここにケアマネージャーが入ることもあります。生活支援をやるメリットはそこです。特に今は５０８０問題（50代のひきこもりの子どもを抱える80代の親たち）とか介護離職の問題があって、介護のために働けていない方が多いです。この期間が長ければ長いほど社会に参加することが難しくなるので、介護をされている方のお悩みについては非常に気をつけてやっています。

就職へ向けて履歴書も指導していきます。履歴書でみんなが自分のことを書けると思ったら大まちがいで、字が書けなかったり、何をどう書いていいかわからない。特にひきこもりをされていた方は、ひきこもり期間が8年とか10年あるとブランクが出てしまいます。ここをどう事業者の方に理解してもらうようにしていくかとか、いろいろなことを打ち合わせしてやっていきます。

それから、面接練習もします。コミュニケーションが難しい方がやっぱり非常に多いので、「こんにちは」「おはようございます」から練習していかなあかんとか、「仕事どうですか」といわれたら、

「はい、頑張ってみます」みたいなところだけじゃなくてもう少し踏み込んでしゃべるようにやっていくためには就職の面接練習が必要で、これはコミュニケーション練習にもなるのでとてもいいです。特にこれのメリットは、市役所は圧迫面接がめっちゃうまい上司が多いんです。さすが公務員やなと思って、ここだけはいいですよ。

あと、スーツの貸し出しもしています。困窮されている方は服がありません。全身どピンクのスウェット上下、どこで売ってるんやろうというぐらいのものを着ているとか、本当に面接に行く服がないので、男性も女性もスーツ、ワイシャツ、ネクタイ、かばん、靴、靴下から全部そろっています。全部寄附です。市役所はイントラネットというのがあって掲示板があるんです。うちは全職員８００人ほどいますが、そこで洋服を頼むとか求むとか書きこむと寄附してくれたり、あと弁護士さんで結構いいスーツを着ている先生がいるので、ちょっとスーツくださいというとけっこうそろいました。それから、化粧品の道具もセットしていますし、姿見もあります。鏡を見たことがない人がいるんですよ。特に全身なんて見たことない人もいます。

納税推進課で滞納している方の相談で失業なりリストラなりで非常に給料が減ったという方になると、すぐに市民生活相談課につながり、その場でやすワークで就労支援をさせていただいて、いいなというのがあったらそこで紹介状を発行していきます。履歴書も用意していますし洋服も用意しているし、そこで事業者との面接もすぐにセッティングできますから、１日で面接までこぎ着けて就職できた方もいます。

あるとき、ここに住みたいわといってくれた行旅人《こうりょにん》さんがおりまして、やすワークを活用し就職ナビゲーターが派遣業者に連絡をし、無事就職ができたケースがあります。今、派遣の業者は困窮施策を頑張ろうとされていますので、そういうところに連絡をして迎えに来てもらいます。寮もあって、お布団から全部用意してくれていますから、そういうようなこともできます。

1人の相談員、1人の職員、一つの窓口だけでは支援できないというのは先ほどお伝えしました。それは福祉部局だけじゃなくて、人事であったり、財政であったり、出先の機関であったり、いろいろな部局が困っている市民のことについて一緒に手助けしていこうという意識が共有されていないと、市役所として仕事ができないです。本当の意味でその市民が救われていきません。みんなで共感して共有して、その思いを持って市民に対して強烈にアピールしていきます。野洲市の山仲善彰市長の言葉があって、「1人を救えない制度は制度じゃない。個人への支援が社会のためになるんだ」と。市役所というのは公平性が担保されないといけないといわれていて、1人を支援するというのは公平じゃないといわれる場合があります。でも、うちの市長は、いや違うという。1人をも助けられないのは制度じゃない。1人を助けて成功すれば、それをみんなに広げればいいじゃないかという考えなので、仕事は非常にやりやすくなっています。

いろいろなことをやっているなかで、「おとな食堂」というのもやっています。相談者のなかでも特に中高年の男性は糖尿病とか中性脂肪の高い人が多くて、ひとり暮らしだと料理をしなくてコンビニものばかり食べてやっぱり病気になりやすい。さらに、コミュニケーションもとりにくくて社会参加できない。家計相談をするとあまりにもコンビニ弁当が多かったので、そんな方をピックアップして、野洲のコミュニティセンター（コミセン）を使って料理教室をしました。このときは今まで全然友達がいない4人を集めたのですが仲よくなりまして、やっぱりこういうのっていいなと思いました。1回目のときに、めちゃくちゃキャベツをきれいに切る50代の男性がいました。この男性は40年間ひきこもっていて、その間ずっと家事を担当していたのでキャベツもきれいに切れて、それをほかの相談者が「すごいな!」とめっちゃ褒めてくれたんです。そしたら、そこで自信をつけていくこともできます。

それから、野洲市が平成27年度からやっている事業として、年賀状プロジェクトがあります。社会的に孤立される方は、年末年始など世の中が幸せそうなときほどつらくなるんです。テレビをひねってもええような番組ばかりだとつらくなっていく。そこで、年賀状なんかもらったことないやろうという方を30人から40人ピックアップしまして年賀状を送っています。これも市役所の予算です。一枚52円の予算ですが、これで自殺対策にもなります。今年は、市役所から年賀状を出したある方が、1月4日の8時から正面玄関で待ってくれてはったんです。年賀状をもらったからお礼がいいたいということで、お礼をわざわざいいにきてくれはりました。やっぱりうれしいんです。皆さんここにいらっしゃる方なら、人生で年賀状が1枚も来ないということはないでしょう。でも、そういう人生の方がいるということをご理解いただければと思います。

次に、発見の仕組みとして、野洲市は「見守りネットワーク協定」というのがあります。先ほどお話ししたように、野洲市では、訪問販売をするときには登録を義務としました。それも通じて、野洲市内で活動をしている事業者さん、団体さんと見守り協定をしまして、日ごろの活動のなかから異変に気づくと市役所のほうに連絡をいただくということをやらせていただいています。今23事業者8団体と協定を組んでいまして、たとえば新聞販売店、ポーラさんとかＫＤＤＩさん、ＮＴＴさん、生命保険、ヤマトさん、不動産会社、いろいろな方々と協定を交わさせていただきました。

ある金融機関の支店長から、毎日通帳をなくしたといって来るおばあちゃんがいる、非常に心配やという連絡があったので、すぐに銀行まで走りました。様子を見たら認知症と思われるため、すぐに地域包括支援センターに連絡して家庭訪問をしてもらって、そして家族ともつながって、認知症の検査に行くことになりました。金融機関の方がまた来てくれまして、家族の方がお礼をいいに来てくれはった。「今まで自分の母親が認知症になっているかもしれないなんてまったく思っていなかった、車の運転もしていたので非常に危なかった、大きな事故になる前にそういうふうに情報を出して連絡してくれてうれしかったです」とお礼をいってくださったそうです。そういうことがあると金融機関と市役所の関係性もよくなりますし、１人でも認知症かもしれない、何か被害に遭うかもしれない、危ないかもしれないという方を発見できる、これは行政だけでも福祉団体だけでもできることではないので、市役所だけではない市内で活動しているさまざまな方のお力をかりてさせてもらっています。

今、野洲市では消費者行政の予算を使いまして、地域に法律を届ける仕組みづくりというのを行っています。野洲市内のコミセン7カ所とサービスセンターでも法律相談ができるように弁護士の先生と契約をして、市役所でも法律相談していますが、それ以外にも地域に法律を届けるということで、各地で法律相談をさせてもらっています。そのときに一番多いのが相続です。高齢になると市役所までわざわざ来ることがしんどい人が多いし、弁護士に相談しようと思ってもハードルが高かったりしますが、近くのコミセンに来てくれるなら相談に行くわというので、近くだと気軽に行くことができます。相続の相談が非常に多いですが、相続の問題を解決していくことで空き家問題の解決にもなるし、トラブルの解決にもなります。また、生活保護受給者の方の相続問題も結構多くて、それを解決することでその方に一定の収入がちゃんと入りますし、生活困窮者にとっても支援の一つのメニューにもなります。ですから、法律家の先生との連携は非常に重要になってくると思います。

家計簿をつけることから

今日は自治体の方もおられるので、家計相談支援というのも法律に基づく任意事業で、やってもやらなくてもいいけれども、とても大事な事業なので、どんなふうにやっているかを紹介させてもらいます。

A子さんは夫と子ども2人の4人暮らしで、パート勤務をされていました。納税推進課から、税金の滞納があるから相談に乗ってあげてよと相談につながりました。お話を聞いていくと、夫が転職をくり返して収入が不安定で、過去に夫婦で自己破産の経験があり、しかも夫からDVを受けているということをいわれました。手元にまったくお金がなかったので、電気代がとまると生活が危ないというので、給料日までの生活費として野洲市社会福祉協議会の緊急小口貸し付けを実施して、そして家計相談につなげていきました。

まず、家計簿をつくっていきます。レシートを出してもらって、家計簿をざっくりつけていきます。レシートからいろいろなことが発覚していきました。ここに赤丸がありますが、実はお酒で、頻繁なアルコール購入、たばこもいっぱい買っていました。それから、このご家庭は幼稚園と小学生の子どもさんがいるんですが、たんぱく質である魚や肉の購入がありませんでした。菓子パン、菓子パンという感じで、栄養となる食材がまったくありませんでした。

お酒やたばこの出費割合が大きいから見直していこうねというお話もしていましたが、本人は離婚したいという意思がものすごく強かったです。では、離婚するに当たっては、一緒に就職活動もしていこうとやすワークも活用しました。それに向けて、お仕事をする前に体づくりをしなければいけないので、それには断酒をしましょうということをいいましたが、なかなか断酒はできません。そこで、離婚したときに子どもの親権を自分が取ろうと思ったらお酒はあきません、お酒のことで親権が向こうに取られてしまうかもしれないといったらすっぱり断酒してくれました。

それから、菓子パンの件ですが、彼女の子どものときの養育環境がいわゆる食卓を囲むという生活ではなかったんです。家族で一緒に食事をするという環境ではなかったので、ある意味ネグレクトの生活をされていました。このご家庭も、子どもたちにお布団の上で菓子パンを渡して朝食ということにしていたのですが、彼女はそれが悪いと思ってやっていたわけではなくて、自分もそうだったからそれでいいんだと思っていたんです。そういうことを伝えていくと、そういうことやったんやということをわかっていただけました。そこについてはヘルパーさんに入っていただいて一緒に料理を練習しましたので、家族4人が囲んで食べるようになって食生活も変わっていきました。

それから、キャッシュフロー表を作成するための家計表をつくっていきます。幾らぐらいの収入があって、幾らの支出があるよということを見せていきます。家計相談においては、借金のある方もそうなんだけど、幾ら返しているか、幾ら手元に入ってくるかを把握している方がなかなかおられないので、見える化といって、自分のお金がどういう状況にあるかということをはっきりわかるようにしていきます。

そういうことをいろいろしていくと、2カ月後、夫婦の就労が安定しました。夫も真面目に働き出しました。なぜかというと、夫のDVといわれていたのが、実は妻がお酒を飲んでは暴れていたそうです。暴れるので、夫は仕方なく、おとなしくするために布団をかぶせていたそうで、それを妻はDVと思ってはったんです。それがお酒を飲むのをやめたら暴れないから布団をかぶせることもないのでDVがなくなって、そして仲よくなりました。夫も安心して働けるようになったから就労も安定しました。妻のほうも就職ができましたし、収入の見通しも立ちました。返済計画もできたし、家計簿記録が習慣化していきました。一番よかったのは、離婚願望がおさまったんです。夫がよう働いてくれるし、もうええわと。大もとの原因としてはお酒から始まるんだけど、こういう課題がどんどん解決すると全体がうまくいくのかなと思います。子どもの食事の栄養バランスもとれていくので、いわゆるネグレクトの解消にもなっていきます。市役所には家庭児童相談室という虐待を担当する課がありますので、そこには全部情報を伝えています。

活用した支援モジュールとしては、家計面では家計相談支援という事業を活用しました。健康面では健康推進課がいろいろとお手伝いをしてくれましたし、就労面ではやすワークを使って、貸し付け面では社会福祉協議会の緊急小口を使いました。それから、就学援助もされていなかったので、学校教育課に連絡をして就学援助申請をして、離婚相談については、子育て家庭支援課に離婚したらどうなるのというふうにいろいろなシミュレーションをしていただきました。あと、市営住宅のほうに転居しようかということで、住宅課のほうにもいろいろ相談をさせてもらいました。このようにいろいろな課に情報を伝えて一緒に考えていきました。

家計を見える化していくことはとても大事です。今のレシートは買った時間までわかるので、ある母子さんを支援させていただいたときは、夜中の12時とか1時にばかり買っているレシートが出てきて、そこには1歳、2歳、3歳ぐらいの子どもがいるのに、じゃあ子どもを連れていってるのか、置いていっているのかというところになると、今度はネグレクトになる。そのときの状況がわかると、すぐに家庭児童相談室に連絡をして、そしていろいろな支援に入っていくことができます。

あるとき、2日に1回、500ミリリットルのマヨネーズを買いまくっているレシートがありました。よく聞くと、何にでもマヨネーズをかけはるんです。お寿司でもかけるみたいです。何でかわかりますか。和食は、塩、砂糖、みりん、酒、しょうゆを上手に使う料理で、これは子どものころからそういうものを食べて教えていかないと非常に難しいんです。でも、マヨネーズというのは何にかけても一定の味があるので、料理をうまくできない人はマヨネーズに頼っていきます。そこがあまりにもマヨネーズを使っていたので、課題があるかなと医療機関で診断していただいたら知的障害がわかりました。知的障害がわかったことで手帳につないで、福祉サービスにつないで、そして障害年金につなげていきました。知的障害の場合は20歳前に発症するので、年金を払っていなくてももらうことができます。マヨネーズ1本からそういった福祉サービス、障害年金までつなげていくことができました。

家計簿を見ていくことは、単に支出を抑えていきましょう、家計を管理していきましょうじゃないんです。そこの世帯にある本当の課題を探し求めて見える化するために家計相談支援はあるのだと私は思っています。

野洲市の子ども支援

では、ここからは、野洲市は子どもの貧困対策として学習支援事業もやっていますので紹介させていただきます。

野洲市は、いわゆる生活困窮の家庭、児童扶養手当をもらっている家庭、生活保護をもらっている家庭の中学生を対象に、平成27年度から毎週水曜日に学習支援をさせてもらっていまして、これを「YaSchool」と呼んでいます。私も平成27年度から毎週水曜日は必ず行きます。学習支援というのは子どもたちの支援なので、何が一番大事かというと子どもの信頼です。たまにしか来ない大人は信用しない、必ずそこにいる大人ということで信頼関係を築いていかなくちゃいけないということを痛感しています。

駅前にあるコミュニティセンターやすの3階を4部屋、1年間貸し切っています。要保護児童対策協議会といって、個人情報を共有できる協議会がありまして、市民生活相談課がメンバーになっていますので、ここで子どもの情報を共有しています。学習支援については200万円の予算ですが、滋賀県の反貧困ネットワーク滋賀・びわ湖あおぞら会という弁護士や司法書士で構成されている団体に委託をして、そして事務局を市民生活相談課がやって、一緒にさせていただいています。多分、全国で反貧困ネットワークに委託しているのはうちだけだと思います。支援調整会議も反貧困ネットワークに委託をして毎回派遣してもらっています。ボランティアは、社会人や大学生で、学校の支援学級の先生たちも来てくれています。詳しいことは、今日お配りの実績報告に載せていますのでよかったらまた見てください。

学習支援は18時から20時10分までですが、18時からの勉強が始まる前におにぎりを出しています。地域の青年農業者クラブさんが年間１５０キロのお米を寄附してくれて、地域のお父さんお母さんが15人の「おにぎり隊」というのをつくっていて、これは社会福祉協議会さんが調整してくれたんですが、毎回おいしいおにぎりをつくってくれています。

中学生は約30人登録していまして、毎回20～25人来ます。これは人口5万人にしたら多いんです。児童扶養手当をもらっている家庭に子育て家庭支援課から１００何人に対して案内状を送ってもらっているのでキャッチができます。

それから、「YaSchool」の校長は市長で、開校式には市長と教育長も来ます。全国一大層な式ですね。そして、学習が修了すると、一番大きい市長印を押した修了証を発行して、毎回修了式で市長が一人一人に手渡ししていきます。

勉強はマンツーマンで、今は子どもたちが非常に多いので2対1ということもあります。中学校の先生や高校の先生も来てくれます。夏休みは進学の夏期特訓をしています。休み時間には絵を描いたりオセロをしたりしています。この「YaSchool」に来ていた中学生が高校生になって、今度教えに来てくれたりします。中学生の女の子は特に課題のある子が多いので、自分に近い年のお兄ちゃんとかお姉ちゃんが来ると仲がいいんです。「俺、あほになってしもうたから、おまえは勉強せい」みたいなわけのわからん説教をしてくれます。

1日が終わると必ずミーティングをして、必ず連絡票を書いています。お楽しみ会でビンゴゲームをしたり、餅つき大会をして一緒に雑煮を食べていきます。母子家庭の子が多くて、お父さんがいなくて親戚がいない子たちが多いので、おじいちゃんおばあちゃんからいろんな年代の人が集まってわいわい動いていくというのが、親戚が盆正月に集まって「おまえ元気にしてるか？」みたいなあんな感じの雰囲気を子どもたちが味わってくれるとだんだん仲よくなっていきます。おにぎり隊の皆さんもかわいがってくださるのでありがたいです。本当にいろいろな方の協力を得てさせてもらっています。見守りネットワーク協定をしている大阪ガスさんは5万円のコピー機をくれました。

いろいろな課題はありますけれども、支援学級に行ってるお子さんたちも来ていますので、子どもたちが非常に多いから必死のパッチでやっています。水曜日は全力投球で、水曜日のためにあるような感じでさせてもらっています。

行政がやることはいろいろあるかと思いますけれども、一番大事なのは、困っている市民さんのためにどうすればいいか、どういうことを一緒になってやっていけばこの市民さんが救われるかということを一緒に市役所、そして地域の皆さんと考えていく、そんな関係づくりをどんどん進めていくことが一番大事だと思います。やっぱり市民さんありきです。

最後に、私が一番大切だと思うことをお伝えします。それは、「共感」です。よかったなと思うこの共感が、押しつけではなく、物事を進めていくのに一番大事だし、この共感を広げていくことができる立場にある公務員ほど誇りのある仕事はないと思っています。人が困っていることを給料関係なく救えるのは公務員だけです。民間さんはやっぱりお金を稼がないといけませんが、公務員は徹底的にそれができるので、それができるお仕事をさせていただいているということには本当に感謝しています。これからもいろんな大変なことはいっぱいあるかと思います。今日も自治体職員の皆様が来られていてご苦労も多いかと思います。私もここでへらへらしゃべっていますけれども、本当にしんどいです。それでも、相談者の方に笑顔で「ありがとう」とおっしゃっていただけると、こんなにうれしいことはないし、それが一番の元気の源です。これからもどうぞいろいろと応援いただきますようによろしくお願いいたします。

コラム　生活困窮者自立支援に関する大阪弁護士会の取り組み

弁護士の和田信也です。大阪弁護士会の取り組みについてお話しさせていただきます。まず、生活困窮者自立支援法についてご説明させていただきます。

皆さんもう既にご存じかもしれませんけれども、平成27年4月からこの制度が始まりました。この制度は、たとえば生活困窮者、生活に困り事や不安を抱えている人の相談窓口を地域に設けて、相談支援員がその相談者に寄り添いながら支援をしていくという制度です。これまでと違って、縦割り行政の枠を取り払い、複数の部署が相互に連携して生活困窮者への相談に対応していくという意味では、先ほど説明のありました野洲市の取り組みを後追いするような、まさに理想は野洲市のような形で行政との連携をしていくというものです。

やはり生活困窮者が抱える問題のなかには法的な問題が多くあります。その結果として、行政の機関だけではなかなか解決できない、あるいは民間という立場からのほうが解決しやすいということもあります。そういった観点で、大阪弁護士会は積極的に関係機関の一つとして自治体と連携をしてやっていこうという取り組みをしてきました。

個別の自治体と契約を締結して定期的に弁護士を派遣して法律相談を行っています。私たちはこれを定例相談と呼んでいます。大体一つの自治体に2人の弁護士を派遣し、毎月1回、弁護士からすると2カ月に1回、自治体での定例法律相談を行います。窓口に来た相談者に対する相談だけではなく、現在相談中、あるいは相談員自身の相談を受ける上での悩み事などについても法律相談を受けるということで、相談者と相談支援員双方の法律相談を受けるということをやっています。

また、こうした定例相談以外にも、緊急性がある事案ではスポット的に法律相談を行ったり、すぐに現場に急行するということもあります。さらに、随時電話での相談も受け付けており、事実上それぞれの自治体の相談支援員の顧問弁護士的な位置づけとして取り組んでいます。

現在、大阪弁護士会では、大阪市を含めて、大阪府下で13の自治体と契約を結んでおり、弁護士は延べ36名が相談に対応しています。昨年度の相談件数は大阪市だけで1000件を超えるまでになっています。大阪弁護士会でこういった相談を担当する弁護士というのは、貧困問題にある程度精通している弁護士を特に選んで派遣しているということもあって、それぞれの自治体から好評を得ているというふうに理解しております。

大阪弁護士会ではこうした活動を13の自治体に

とどめることなく、大阪府下全域に広げたいと考えており、それぞれの自治体にアプローチをしているところです。

この相談件数というのは、先ほど申し上げたとおり大阪市だけで年間１０００件を超えるに至り、大きくいいますと、現代日本の貧困者というものがどのような人がどういう問題を抱えているのかということが少しずつわかってきたような形です。

大阪弁護士会困窮相談一覧

	債務問題		労働問題		住宅問題		家族問題		その他		総数	
	定例	随時	定例	随時	定例	随時	定例	随時	定例	随時	定例	随時
大阪市	78	578	9	15	25	103	39	165	19	61	170	922
	656		24		128		204		80		1092	
	60.1%		2.2%		11.7%		18.7%		7.3%		100%	
交野市											17	94
											111	
											100%	
寝屋川市	25		3		4		6		1		39	29
	25		3		4		6		1		68	
	64.1%		7.7%		10.3%		15.4%		2.6%		100%	
東大阪市	35	0	1	0	1	0	9	0	5	0	51	0
	35		1		1		9		5		51	
	68.6%		2.0%		2.0%		17.6%		9.8%		100%	
茨木市	13	10	0	4	3	1	2	8	1	1	19	24
	23		4		4		10		2		43	
	53.5%		9.3%		9.3%		23.3%		4.7%		100%	
阪南市	19	1	1	0	1	0	2	0	4	0	27	1
	20		1		1		2		4		28	
	71.4%		3.6%		3.6%		7.1%		14.3%		100%	
和泉市	19	1	1	0	2	0	1	0	3	1	26	2
	20		1		2		1		4		28	
	71.4%		3.6%		7.1%		3.6%		14.3%		100%	
柏原市	12	9	2	3	1	1	2	0	3	0	20	13
	21		5		2		2		3		33	
	63.6%		15.2%		6.1%		6.1%		9.1%		100%	
合計	201	599	17	22	37	105	61	173	36	63	369	1085
	800		39		142		234		99		1454	
	60.9%		3.0%		10.8%		17.8%		7.5%		100%	

注）交野市は総数のみ把握。寝屋川市の随時は、総数のみ把握。

第6章

格差と貧困に財政はなにができるのか

——諸外国の取り組みに学ぶ

諸富徹（京都大学大学院経済学研究科教授）

諸富徹（もろとみ・とおる）　1968年生まれ、1998年京都大学大学院経済学研究科博士課程修了。1998年横浜国立大学経済学部助教授などを経て、2010年3月から現職。主著に、『環境税の理論と実際』（有斐閣、2000）、『私たちはなぜ税金をおさめるのか―租税の経済思想史』（新潮選書、2013）、『人口減少時代の都市』（中公新書、2018）など。

現在の日本の財政は

私は、これまで一連のシリーズで貧困問題、格差の問題で現場に即したお話を受けて、問題解決のために最後はやはり財政についてお話しします。公的な支援を考えていく上でも、税金というものが背後にあって、それで政府あるいは自治体がいろいろ支援を差し伸べることができるかどうか、ここが決定的に重要な点であります。しかし、お金がないということが頻繁に壁になってきたということをこれまでお話しされてきたと伺っております。なぜお金がないのか。なぜ税金を十分課すことができずに政府は収入を上げられないのか、これからどういうふうに考えていったらいいのか、このあたりの何かヒントになるようなお話をしていくことができればと思っております。

まず最初に、今、日本の財政がどういうふうになっているのか。この円グラフ（図1）は財務省の資料ですけれども、平成28年度の歳出で、政府はどんなものにお金を使っているのかということです。最大は社会保障で33%、全体の3分の1を占めています。かつてはこれほど大きくなかったんですが、随分と大きくなっていきまして、今や第1位の支出先になっています。

注目してほしいのは国債費です。これは借金を返すための費用で、これがだいたい24・4%ということは、せっかく入ってきた収入のだいたい4分の1は借金を返すために使っているということです。そうすると、今、日本の財政は残り4分の3しか政策のために使えない状態になっているということです。収入が十分ではないのでどうしても借金をしてお金を調達せざるを得ない状況にありますが、借金は当然返していかなければいけませんから、借りるけれども出るほうも大きくなるため政策に使えるお金が減っていくということです。借金の返済が日本の財政を結構圧迫しているということもわかります。

次に、収入をどうやって得ているのかというのがこの円グラフ（図2）です。普通、国のお金というのは税金で賄っているんだろうと思いますよね。しかし、実は35・6％は借金です。借金しないと税金だけではとても賄えないというのが今の状況です。でも、数年前は半分近くが借金でしたので、これでも今はその比率が大分小さくなってきました。

次に、歳出総額と経費比率の推移で、政府が何に対してお金を使っているかを見たものです（図3）。かつて非常に大きかっ

図1

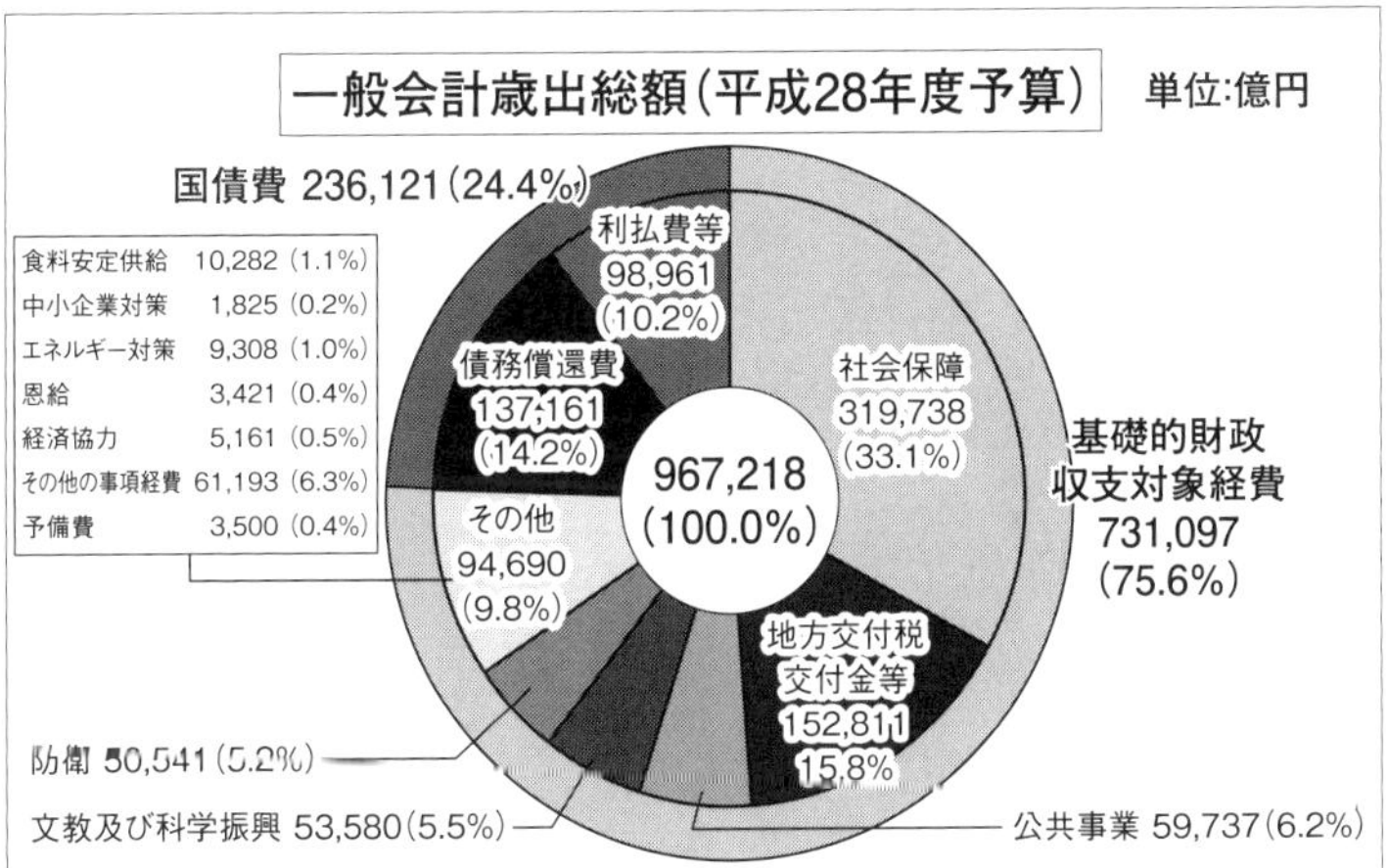

※「基礎的財政収支対象経費」とは、歳出のうち国債費を除いた経費のこと。当年度の政策的経費を表す指標。
※「一般歳出（＝「基礎的財政収支対象経費」から「地方交付税交付金等」を除いたもの）は、578,286（59.8％）。うち社会保障関係費は約55％。

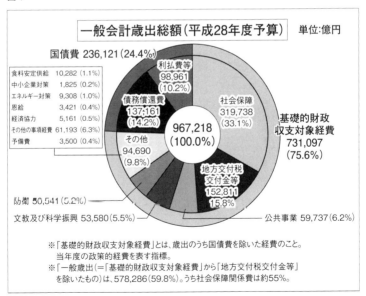

たのは、１９６０年代の高度成長期は公共事業費で、橋や道路をつくったり、経済成長のためにお金を使っていました。このころの社会保障費は割と小さかったわけです。ところが、70年代、「福祉国家元年」という言葉をご存じの方もいらっしゃると思いますが、「福祉国家元年」は１９７３年ですが、このときにぐっと社会保障関連費の予算が増えて、このあたりから少し高い水準に達しました。でも、さらに一段と上がってきたのが２０００年以降で、直近ではだいたい全体の３分の１になってきています。

先ほどお話をしました国債も増えてきました。かつて高度成長期のころは小さかったのに、現在では非常に大きな比率を借金返済が占めています。

でも、まだましなんです。なぜかというと、安倍さんの政権になってから量的緩和政策ということで、今の日本銀行が非常にたくさんのお金を市中に流す政策を始めました。それを称して「アベノミクス」と呼ばれているわけですけれども、これでお金がどんどんまちなかに流れてくるものですから、今、金利が歴史的低水準に下

図２

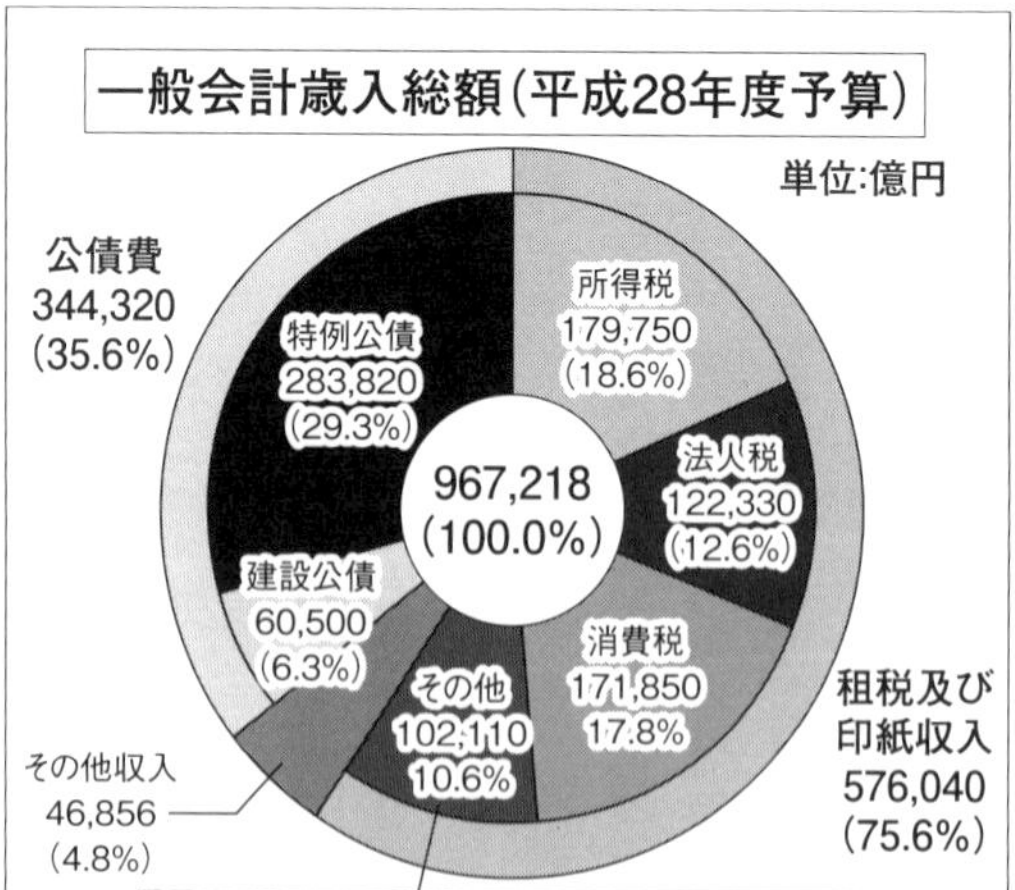

揮発油税	23,860 (2.5%)	石油石炭税	6,880 (0.7%)
酒税	13,590 (1.4%)	自動車重量税	3,850 (0.4%)
相続税	19,210 (2.0%)	その他税収	3,910 (0.4%)
たばこ税	9,230 (1.0%)	印紙収入	10,520 (1.1%)
関税	11,060 (1.1%)		

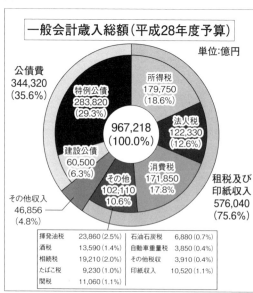

がっています。これは借金を返すときにも影響しまして、政府がお金を返すときに元本プラス金利分を上乗せして返していくんですけれども、金利が非常に低いために国債費がこの程度で抑えられています。ですので、今後もし何らかの形で金利が上がっていくとここがぐっと膨らんでくるおそれがあります。

次の図（図4）は、ワニの口と呼ばれていて、ワニが大きく口を開けている絵に見えます。これは何をあらわしているかというと、折れ線の上は支出、下が税収です。税収がピークに達して右肩下がりになっていますが、このピークのところがいわゆるバブルの崩壊ですから平成元年ごろです。税収が下がる一方で支出はどんどん上がっています。なぜなのかというと、1つは、バブルが崩壊した後に景気をもう一回盛り上げるための景気対策で毎年何兆円ものお金を公共投資に使いましたの

図3

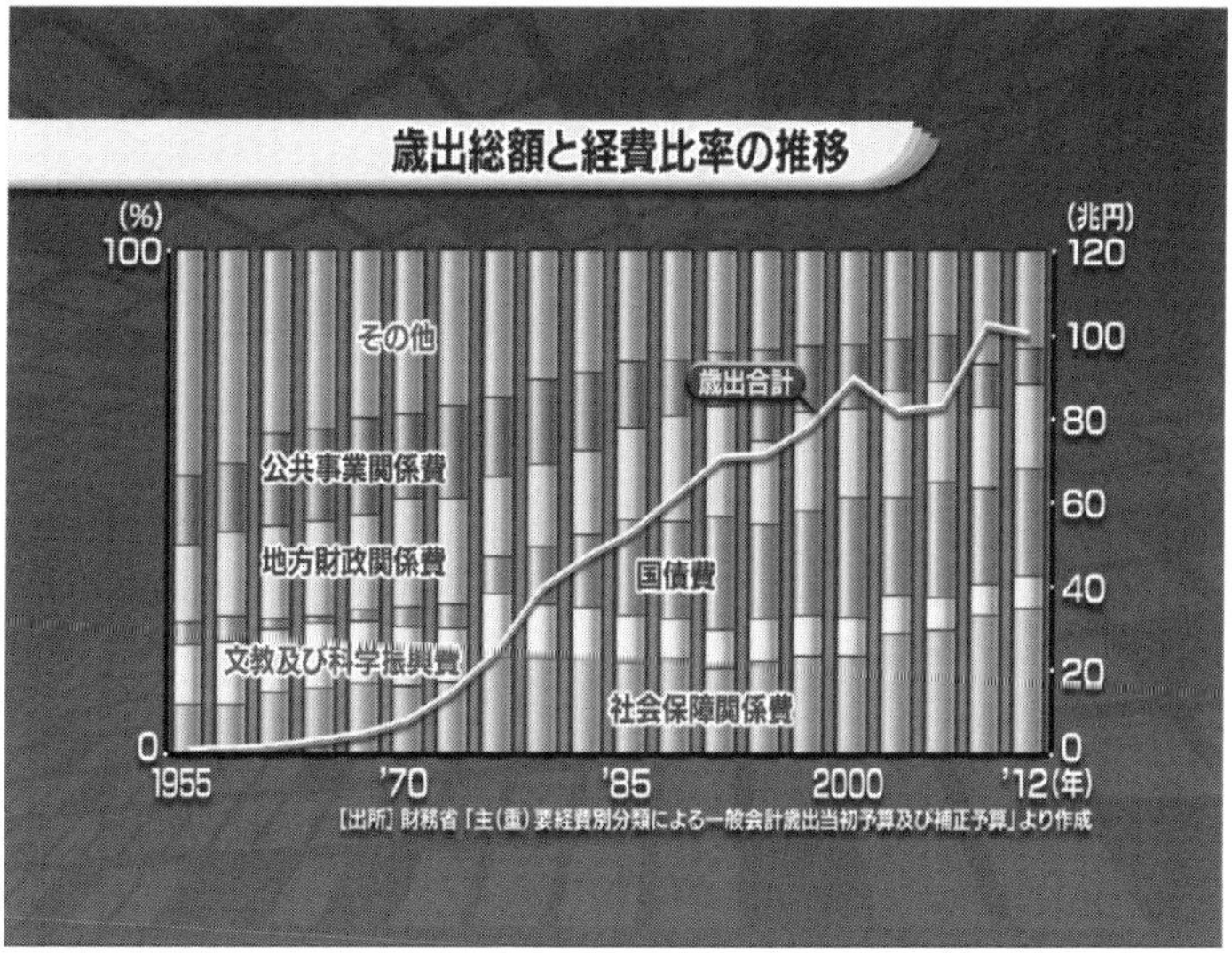

で支出がさらに増えていきました。でも、途中から小泉さんが出てきたときに、公共事業はもう抑制するというふうにいってどんどん切っていきました。しかし、歳出はぐんぐん増えてきます。この原因が社会保障です。ですから、今は専ら社会保障が増えていくことを原因に税収と

図4

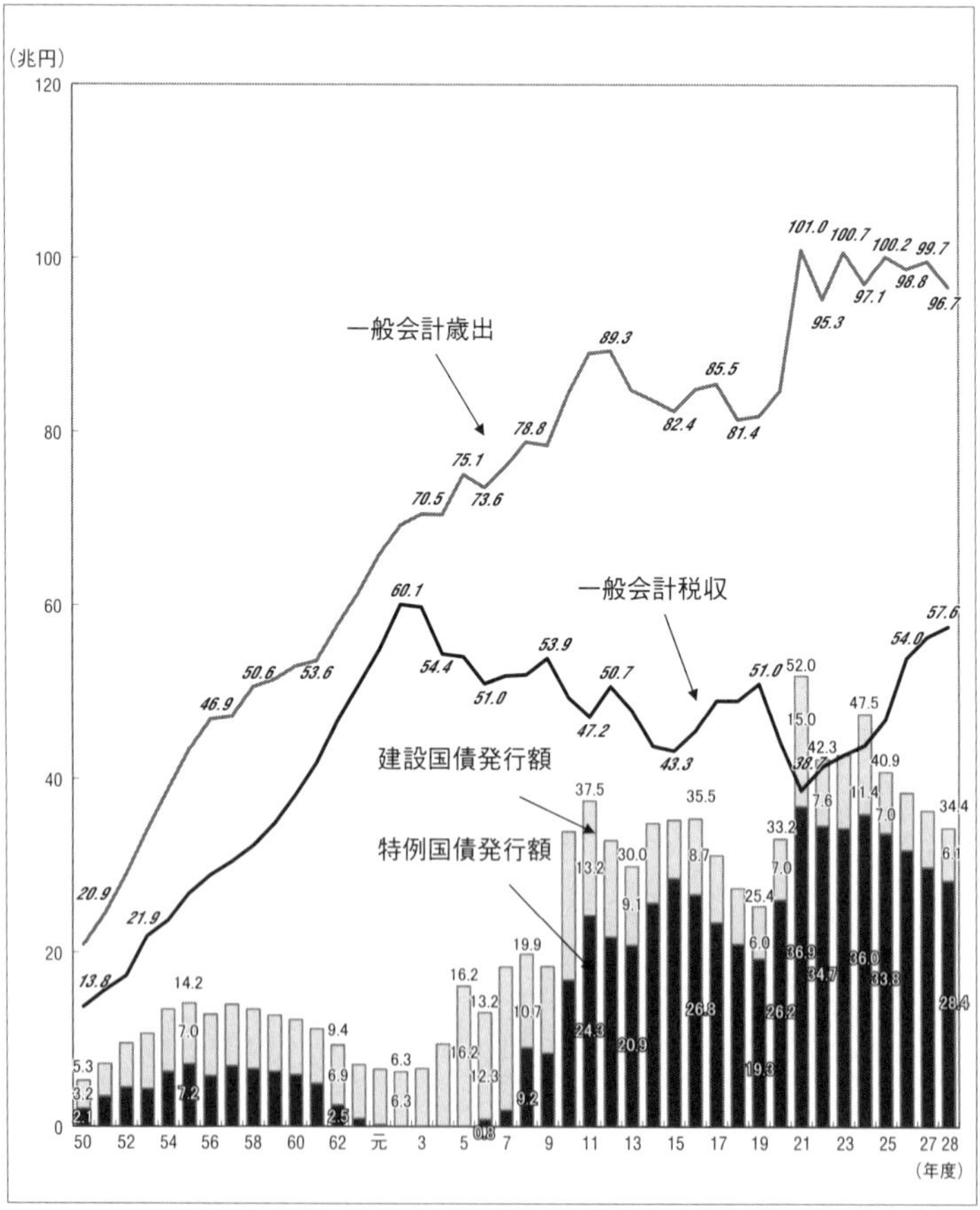

のギャップが広がっているということです。この間の格差を何で埋めているかというと、借金です。下の棒グラフ（図５）は毎年新たにしている借金です。

この結果何が起きているかというと、毎年毎年新たな借金をしていくために、根雪のように借金が積み重なっていくわけです。

図５

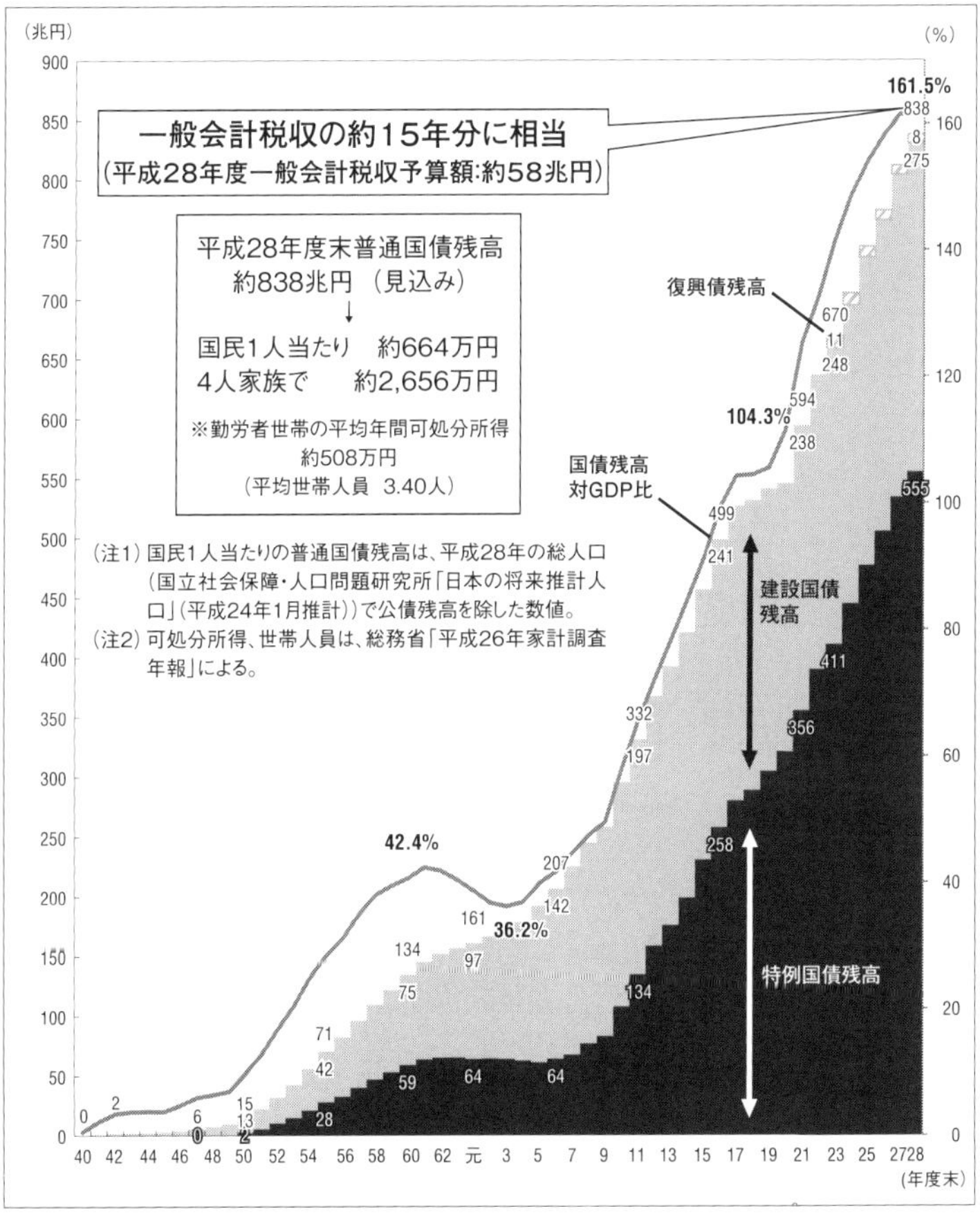

積み重なっていくので、ピラミッドに新たな石を積んでいくような感じになって、頂上がどんどん高くなっていっている状態です（図5）。この調子でいくと、当然いつかどこかで破綻することになるでしょうね。ただ、難しいのは、いつ破綻するのかというのは誰にもいえないんです。まだもつともいえるし、危機はもう近くに迫っているかもしれなくて、でも日本の場合、あるいは国というものが借金をする場合、家庭で借金するのとは違って、最後、課税権力という強制権力をもっていますので、そこは同列には議論はできません。

平成2年ごろの税収と支出の水準と比べると、今は財政規模はもっと大きくなっていますが、その原因はというと、社会保障と国債が両方とも拡大して伸びたためということがはっきりわかります（図6）。

図6

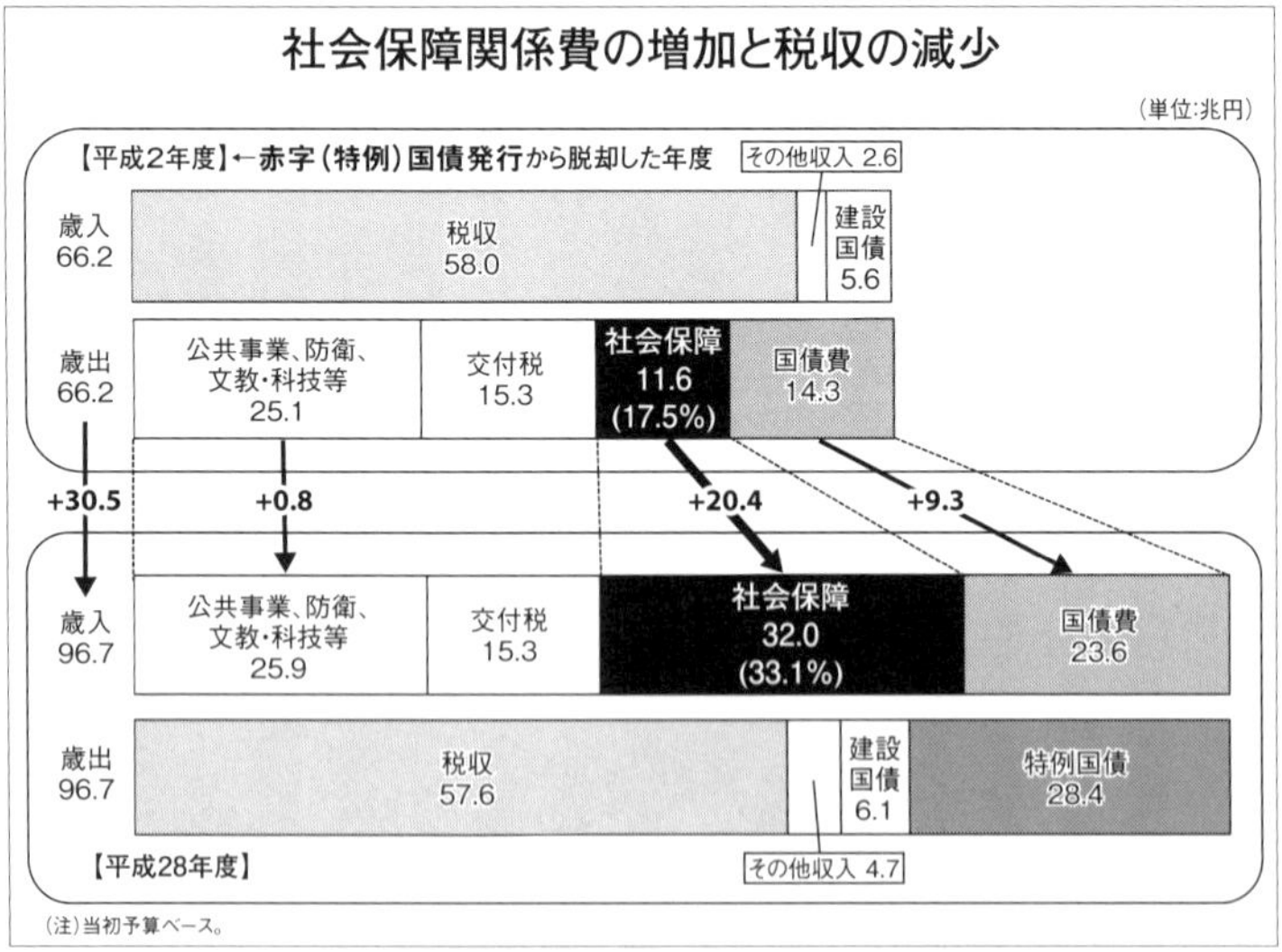

なぜ、税収が不十分なのか

では、政府はなぜ十分な税収を上げられないのかということです。国民や企業がいやがるというのは当然ですが、各国と比較してもなぜ日本は税金が低いのかということでもあります。

これは、バブルが崩壊して以降、現在に至るまでの税収の推移をあらわしています（図7）。折れ線グラフで書かれているのは所得税、法人税、消費税という主要な3つの税金です。特徴は、所得税はバブル崩壊から割と最近まで右肩下がりです。最近はアベノミクスその他で景気が拡大してきたおかげもあって少し回復し始めましたが、かつてのバブルのころとは比較にはならないぐらい低いです。同じように、法人税もまたバブル崩壊を頂点にずっと右肩下がりでした。一時期盛り上がっているのは、リーマンショック前の一時景気がよかったときです。そのときに小さいバブルがありまして、いったん盛り上がるんですが、リーマンショックでまたどんと落ちて、再び少しずつ回復してきているという状況です。世界でもそうですけれども、所得税、法人税というのは2大基幹税と呼んでいます。つまり、重要な幹となる税金です。戦後は高度成長も相まってこの2つが重要な税源でした。それがバブル崩壊後どんどん右肩下がりで縮小してきたという点にバブル崩壊前と崩壊後の大きな違いがあります。

その2つと全然違う動きをしているのが消費税です。消費税は1988年に導入されて、たしか1989年から徴収が始まったと思いますが、最初は3％でしたから、税収も所得税、法人税に比べてはるかに少なかったです。それがここで上がりますが、これが５％になったときです。さらに上がったのが８％になったときです。ですから、消費税はむしろ右肩上がりに上がってきていて、消費税は法人税収をすっかり抜いてしまっていますし、現在、消費税は所得税と同じぐらいの税収を上げる税になってきています。今後予定されている２０１９年10月の消費税10％への引き上げになりますと、所得税も抜いて第1位の税収を上げる税金にのし上がっていくことはほぼまちがいないと思います。

図７

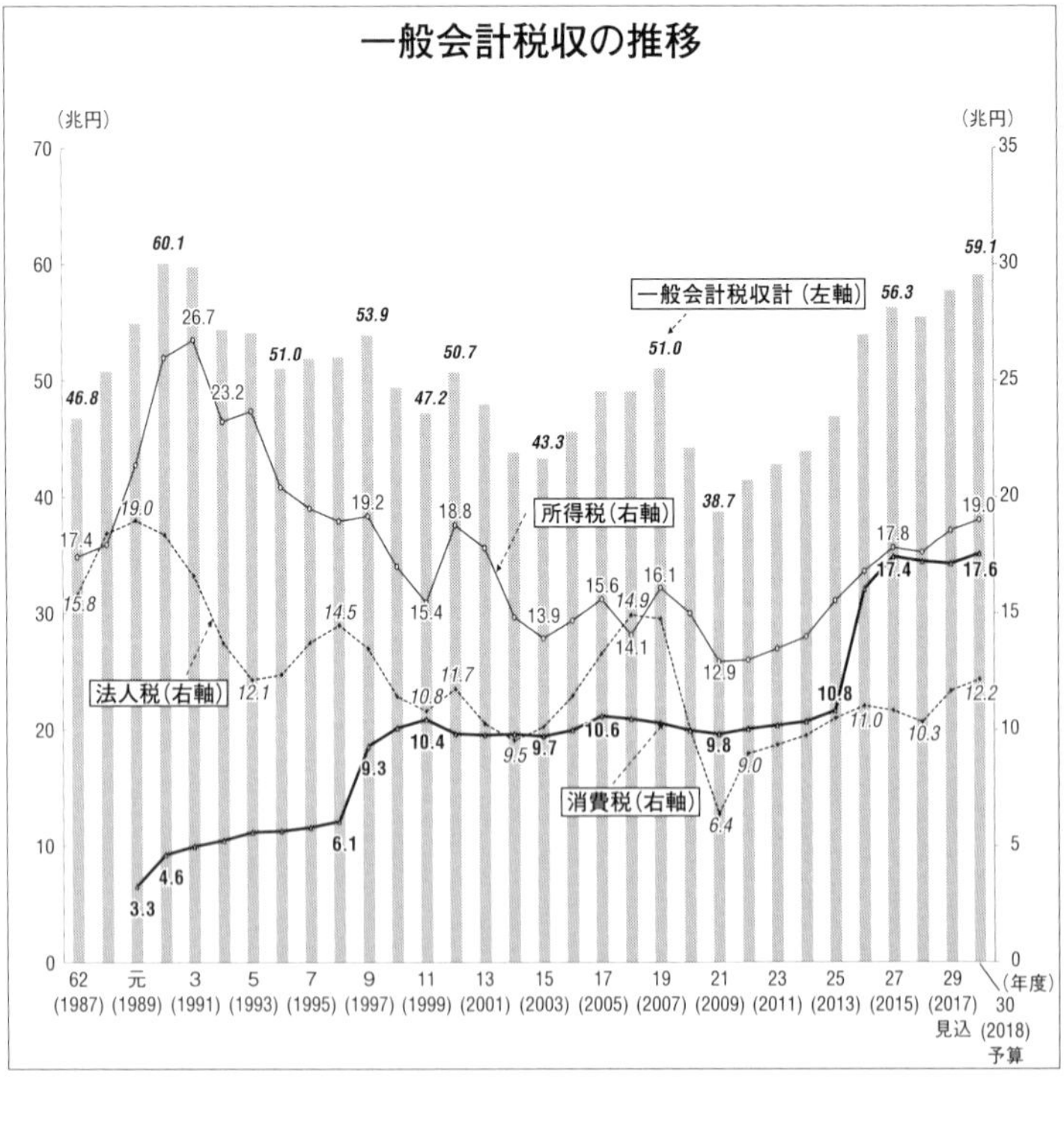

日本の税金のバランスですが、ここから各国比較も見ていきたいと思います。

日本は、戦後アメリカから税金の制度を導入しました。シャウプという財政学者が来て、日本の税金は戦後こういうふうに改革していくべきだという提言（シャウプ勧告）をして、それに沿った形でやりました。ですから、アメリカとよく似た構造をもともともっていました。それはどういうことかというと、主に所得税、法人税に依存する税制をもっているということです。

ヨーロッパは消費税が大きくて、所得税、法人税は、アメリカや日本に比べると相対的に低いという特徴があります。日本、アメリカは、所得税、法人税に割と大きく依存して、ヨーロッパは所得税、法人税が少なく、消費税に依存しているということです。ヨーロッパのいい方だと付加価値税といって、日本の消費税の感覚と

図8

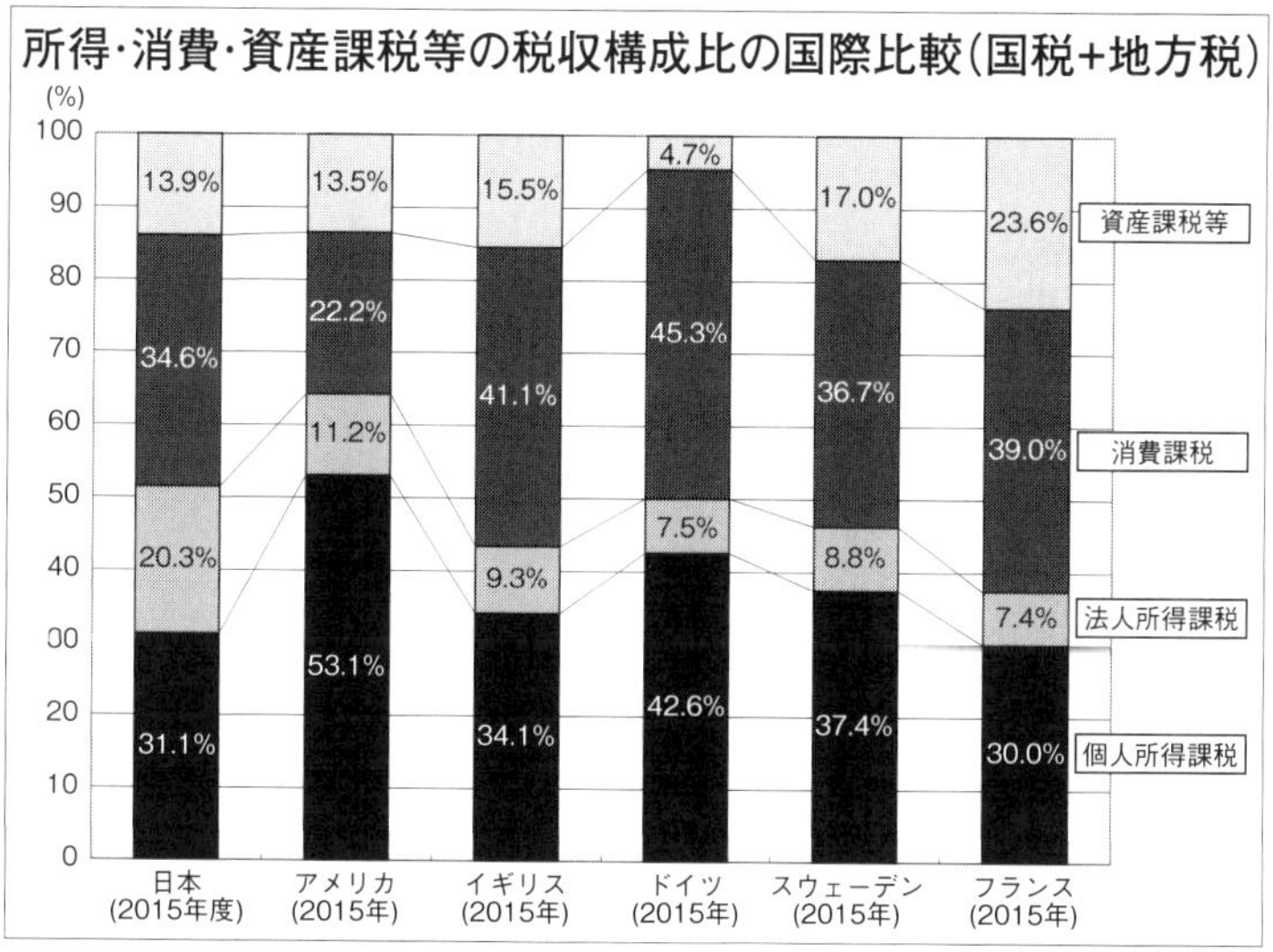

一緒です（図8）。

日本はアメリカと同じタイプだったんですが、これからはアメリカと枝分かれしてヨーロッパのほうに近づいていくだろうと思うのは、消費税が入ってからです。アメリカは、国レベルでは消費税はありませんで、小売売上税という消費にかかる税はありますが、それは州、日本でいう都道府県に当たるところが取っている税金で、国はもっていません。今後、福祉社会を築いていく上でヨーロッパを見ますと、スウェーデンを筆頭に福祉を日本より充実させている国々であり、いずれも消費税に対する依存が大きいという特徴があります。スウェーデンは税率も25%ととんでもなく高いんですけれども、そのかわりそこで上がった税収を社会福祉に充てています。ですから、日本はどういう道を歩むのかということです。消費税が上がるというのは誰でもいやですね、10%になるのかと思い

図9

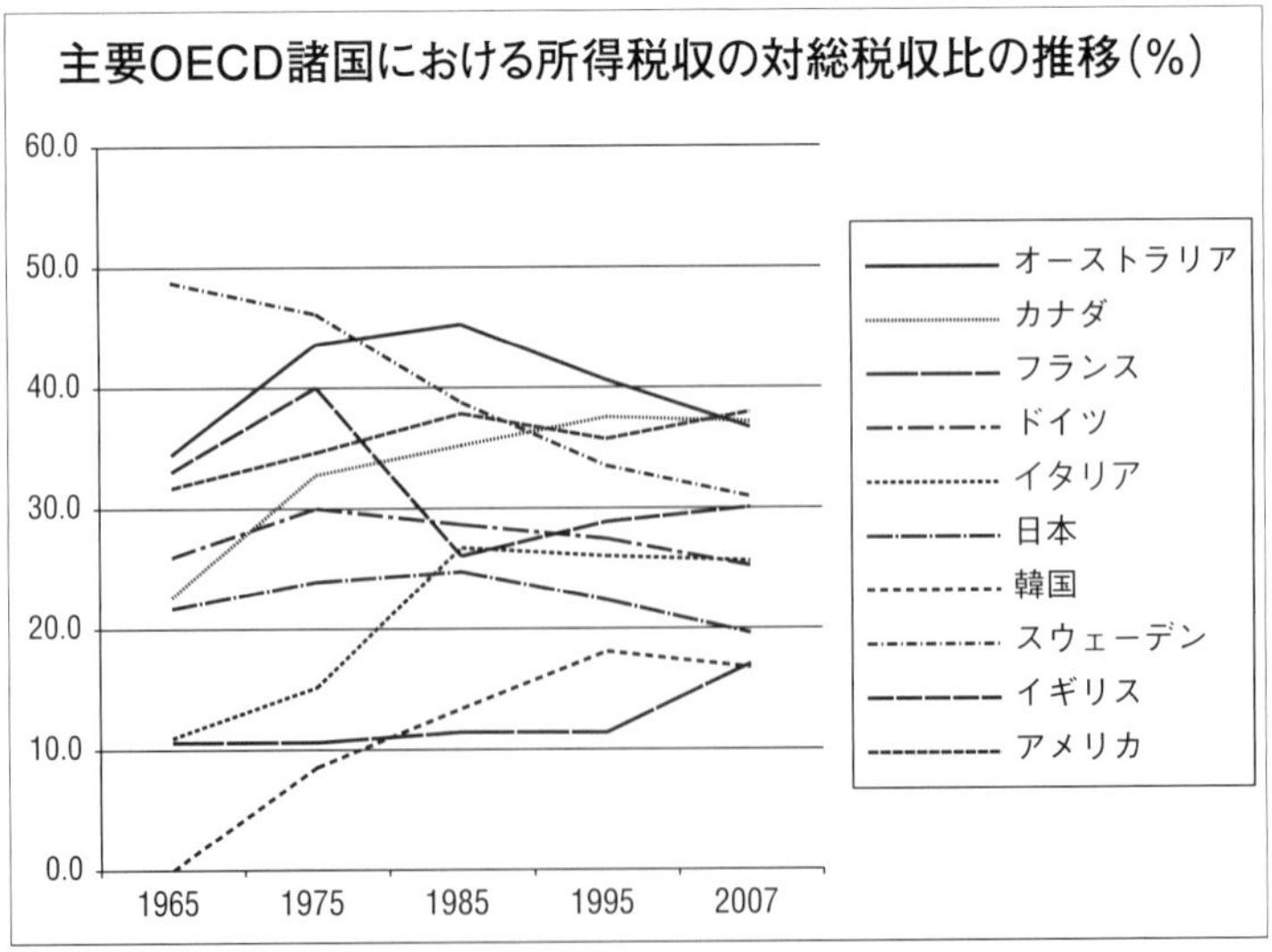

ますよね。でも、10％では終わらないと専門家は見ていて、さらに上がる可能性があります。

日本のことを見ますと、私の個人的な見解ですが、本当は所得税ももっと上げられるだろうなと思っています。実は、国際比較で見ると、日本の総税収に対する所得税はＯＥＣＤと比較してもそんなに高くありません（図９）。ほかの国で所得税の税収に占める比率がもっと高いところはありまして、日本は所得税依存型といいましたが、ＯＥＣＤで見てもそんなにすごく大きいわけではない。ましてや、消費税の比率は、これは比べているものがＧＤＰで、国の経済規模に対して消費にかかっている税金がどれぐらいかを見てみると、アメリカ、日本は消費にかかる税が低く、フランス、ドイツ、スウェーデン、イギリスは軒並み高くなっている、こういう特徴があるということです（図10）。

所得税ですけれども、これはもちろん所得に

図10

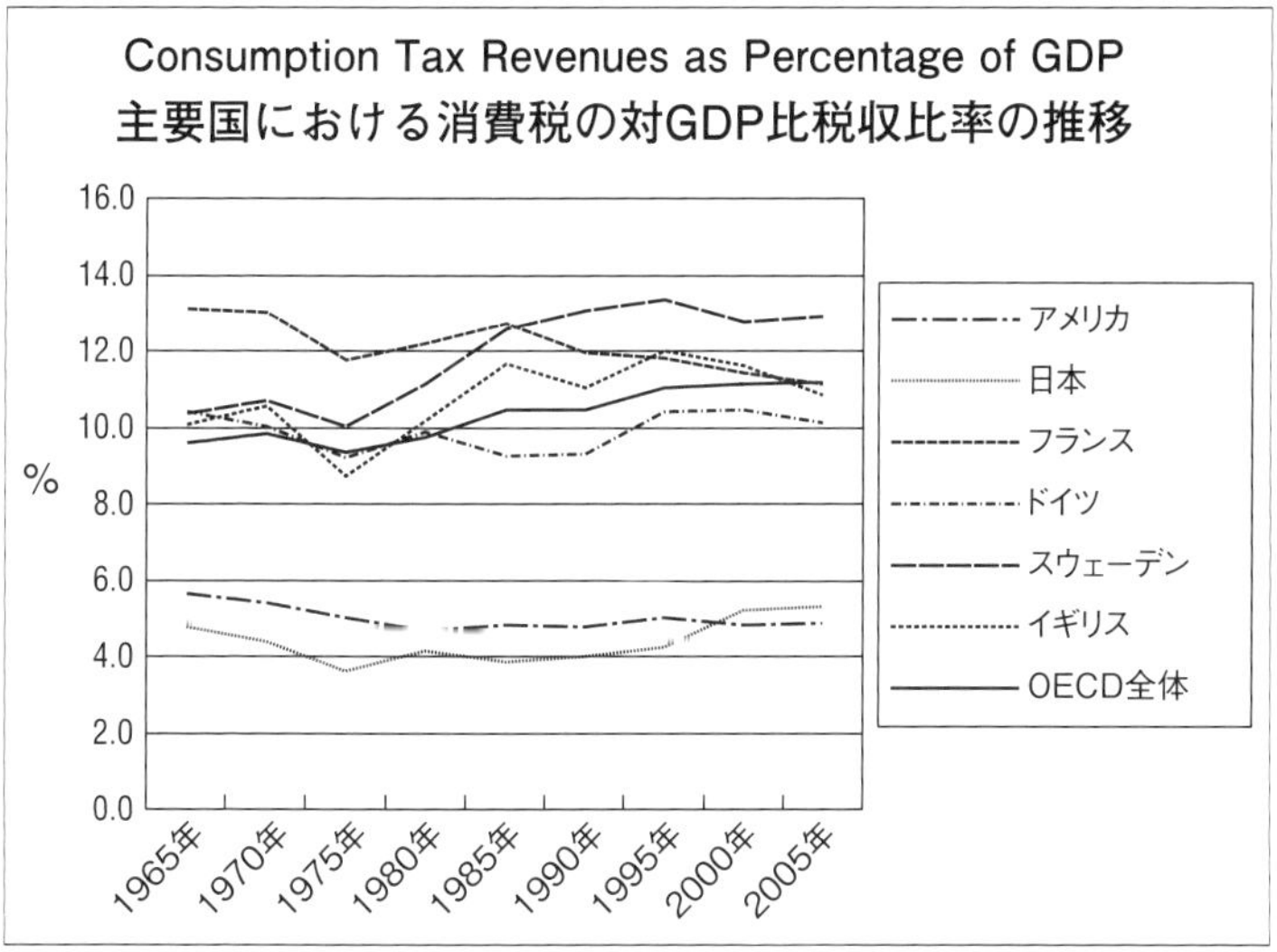

かかります。所得税は、財政学者のなかでは最も公平な税金といわれてきました。なぜ公平かというと、税金の原則のなかでは応能原則という言葉があって、これは能力に応じて課すということですから、払える人、所得で十分な能力をもつ人が多めに負担していくことが公平なんだという考え方です。これが実践できるのが所得税です。要するに、たくさん稼いだ人にたくさん負担をかけることができます。

消費税だとそれはできなくて、たくさん消費した人が本当に所得が多い人かどうかはわからないです。往々にして、貧困な人は贅沢はできないけれども、生きていくためには食品、医療、生活必需品は必ず買わないといけない。だけど、所得は大きくないとすると、所得に占める消費の比率は高くなります。金持ちも生きていくためにもちろん消費はして、贅沢品も恐らく買うでしょう。だけど、それ以上に所得を大きく稼いでいるので、これは統計でも出ていますが、所得に占める消費の比率は低いです。消費税のかけ方というのは一律にだいたい10%ですから、金持ちは10%かかっても所得のなかの小さい部分の10%の課税でしかない。それに対して貧困な人は、所得のなかの大きい比率を占める消費の10%で重たく感じる。だから、意味が全然違うんです。消費税は逆進的とよくいわれます。その対となる言葉が累進的です。金持ちになればなるほど負担が重くなるのは累進的です。逆に貧困になればなるほど税金の負担が重くなっていくという逆のパターンを逆進的といいます。ですから、貧困な方ほど所得に占める消費の比率が大きくなって、それに比例で10%でかけていくので、結果、所得に占める税金の比率が重くなってしまうという問題があります。

では、なぜ所得税は累進的なのかというと、この絵のように階段みたいにして税率をかけられるか

図 11

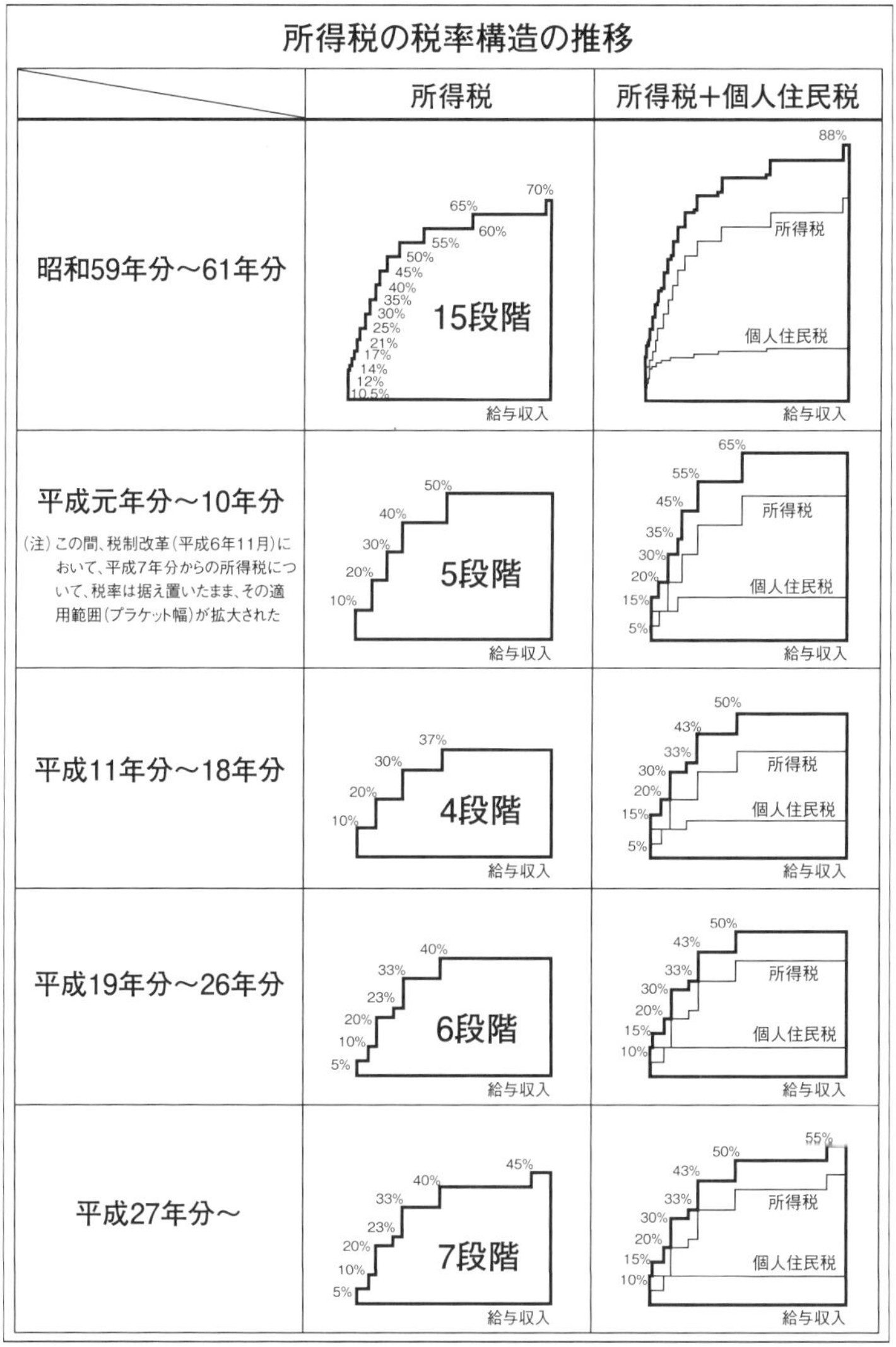
所得税の税率構造の推移
所得税
所得税＋個人住民税
昭和59年分～61年分
70%
65%
60%
55%
50%
45%
40%
35%
30%
25%
21%
17%
14%
12%
10.5%
15段階
給与収入
88%
所得税
個人住民税
給与収入
平成元年分～10年分
(注) この間、税制改革(平成6年11月)において、平成7年分からの所得税について、税率は据え置いたまま、その適用範囲(ブラケット幅)が拡大された
50%
40%
30%
20%
10%
5段階
給与収入
65%
55%
45%
35%
30%
20%
15%
5%
所得税
個人住民税
給与収入
平成11年分～18年分
37%
30%
20%
10%
4段階
給与収入
50%
43%
33%
30%
20%
15%
5%
所得税
個人住民税
給与収入
平成19年分～26年分
40%
33%
23%
20%
10%
5%
6段階
給与収入
50%
43%
33%
30%
20%
15%
10%
所得税
個人住民税
給与収入
平成27年分～
45%
40%
33%
23%
20%
10%
5%
7段階
給与収入
55%
50%
43%
33%
30%
20%
15%
10%
所得税
個人住民税
給与収入

らです。どの絵も右に行けば行くほど所得が高くなって、所得が高い人ほど高い税率をかけるという設計になっています。ただ、特徴は、最近になればなるほどこの階段の数が減ってきているということです。かつては、何と15段階もあったのが、5段階になり4段階になり、最近はちょっと復活して7段階になりましたが、高さは低くなっています。これをフラット化と呼んでいます。所得税は、急峻な感じで所得が高くなればなるほど税率を高くしていたのが、緩くなってきてフラットになってきたということです（図11）。なぜなのかというと、その後ろにはグローバル化があるからです。これは後でご説明いたします。

グローバル化に伴う所得税改革の一環として、金融所得に対する税金の取り扱いというのがあります。私が所得税の非常に

図12

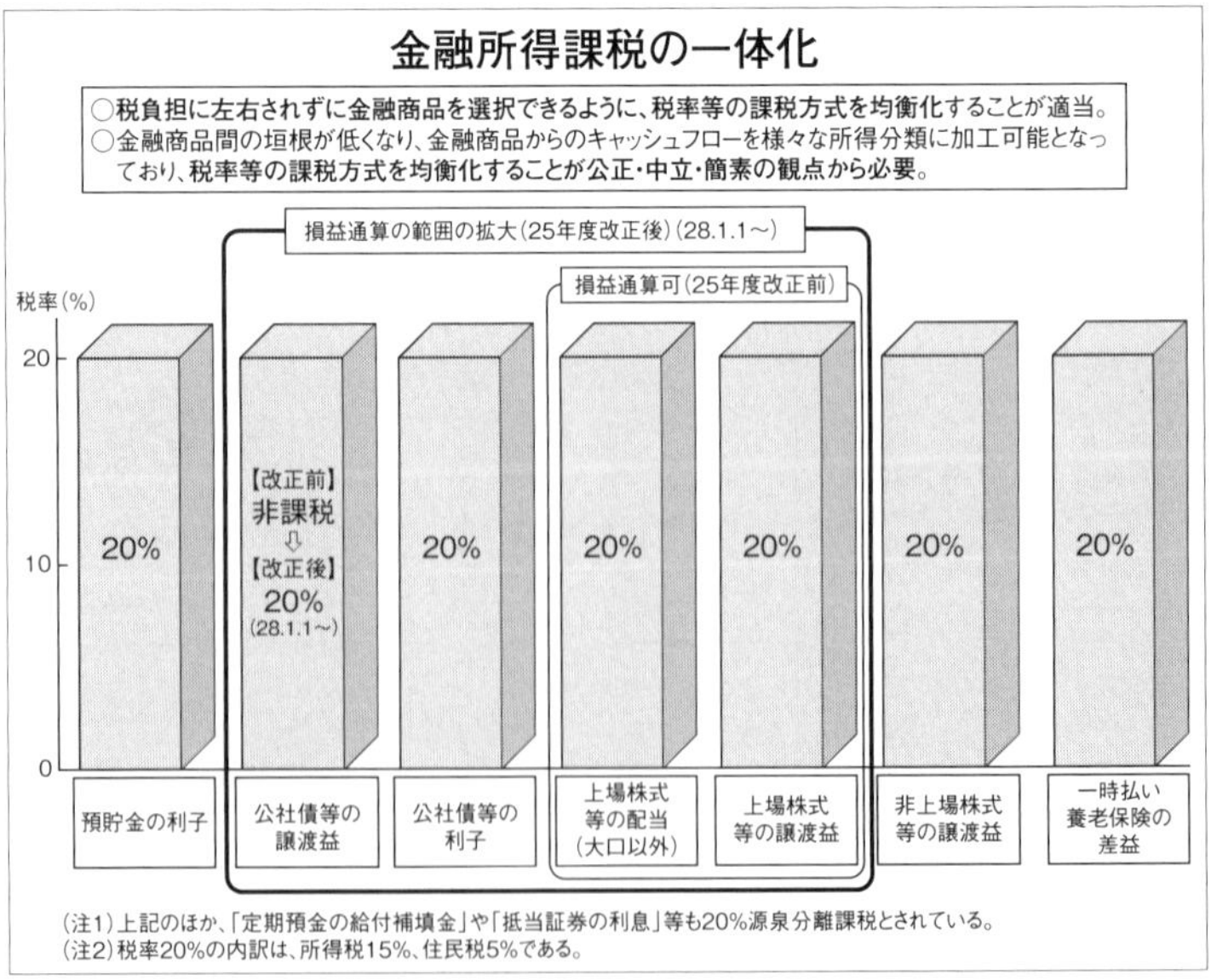

大きな問題の一つだと考えているのがこの部分です。今、所得税の一番高い税率は55%です。ところが、金融所得である利子、配当、株式譲渡益、これがだいたい税率20%でそろっていて、これらはほかの所得と足し合わさず、これだけで20%払って終わりになります。要するに、金融所得は税率が低いんです。ほかの勤労所得は最高55%まで行くのに、金融所得だったら20%で終わりです。ということは、皆さんお分かりだと思いますが、金融所得は誰が稼いでいるのか。ゼロ金利政策で銀行の利子はほとんどたまらないですが、株価は上がっています。これも統計にはっきり出ていますが、お金持ちほど株価の売却益、配当などの所得の比率は高くなっています。これが税率20%一本であるということは、いくら高額所得者になっても税率は20%のま

図 13

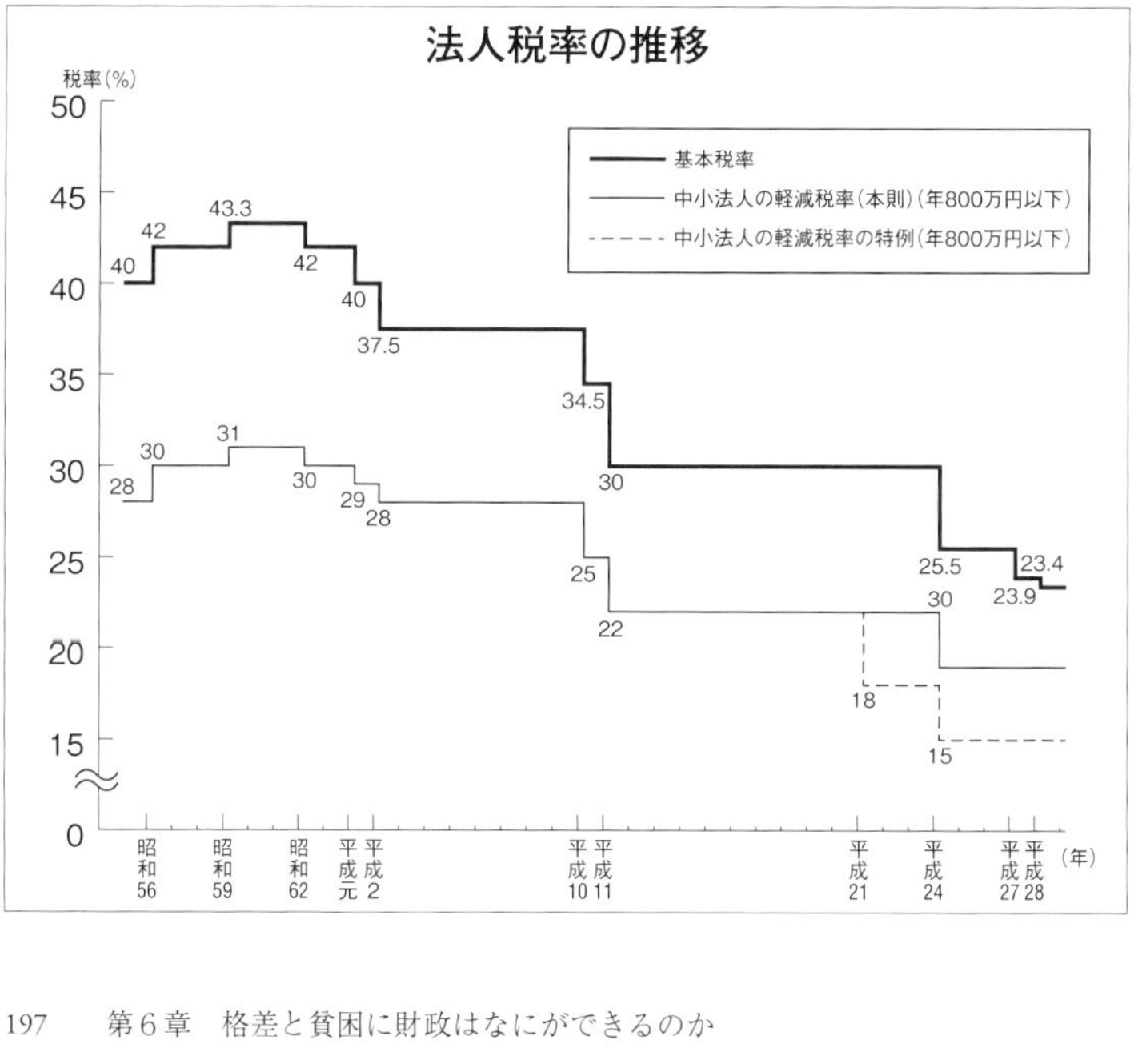

法人税率の推移

まで、累進課税になっていないということです。ということは、この税制のおかげで実は金融所得、株式をたくさんもっているような人たちは、税金が実質的には安くなるという仕組みになってしまっています。これはよろしくないですね（図12）。

これを直すには、少なくとも2つ方法があります。一つは、この金融所得を分離してこれだけでかけているのをやめて、ちゃんと勤労所得と合算して、お金持ちは55％をちゃんと適用するというのが一つです。２つ目は、20％の税率を上げることです。せめて25％に上げましょうと私は政府税制調査会の場でいっているのですが、そうすると必ず証券業界など金融業界の方々から批判を受けたり、警戒されたりします。そんなことをやってしまうと株式市場に大変マイナスの影響が起きる、あるいはもっと税金の安い国にお金が逃げていってしまうぞというわけです。

もう一つ、法人税がこれまた問題で、法人税率の推移を見てみます（図13）。

バブルのちょっと前あたりで法人税率は最高の段階に達して、その後は一貫して引き下げられる一方です。なぜなのかというと、非常に大きいのは先ほどもいいましたグローバル化という現象です。グローバル化というのは、１９８０年代ぐらいから起きてきた現象で、お金が国境を越えて自由に動き回るようになってきた、あるいは動き回るように制度を改革しました。日本もそうだしアメリカもそうだしヨーロッパもそうです。その結果、税金の高いところから税金の低いところへお金が行きやすくなりました。以前はすごく国境の壁が高くて、お金を海外にもち出すのに苦労していました。海外旅行に行くのでも現金のもち出しはいくらといわれていた時代をご存じの方もいらっしゃると思いますが、それぐらい規制していて、勝手に円とドルを交換してはならないとか、交換するには条件があるという時代がありましたけれども、それが今や完全に自由です。そうすると、お金を運用している人は、世界のどこでお金を運用すると最も収益が出るかということを当然考えます。そのときにいわゆるリターンといって、お金を投じたときに返ってくる比率が大きいところ、収益率の高いところは当然ですが、逆にお金を運用するときのコストが低いところを狙うわけです。コストが低いとは何かというと、税金です。税金が安いということは、お金をそこに置いておくためのコストが安いということですから、手元に残るものが大きくなります。かつては国境の壁が高かったので、それを知っていてもお金を移せなかったのですが、今は自由に移せます。逆に税金を高くしているとお金が逃げていくということになります。

　最初はお金だったのですが、やがて企業自身も自由に国境を越えるようになりまして、いわゆる多国籍企業というものの誕生です。この多国籍企業というのができ上がってくると、日本企業だからといって本社を東京あるいは大阪に置くとは限らないわけです。日本企業もだんだんそうなってきました。パナソニックもグローバルな販売本社をシンガポールにもっているか

図14

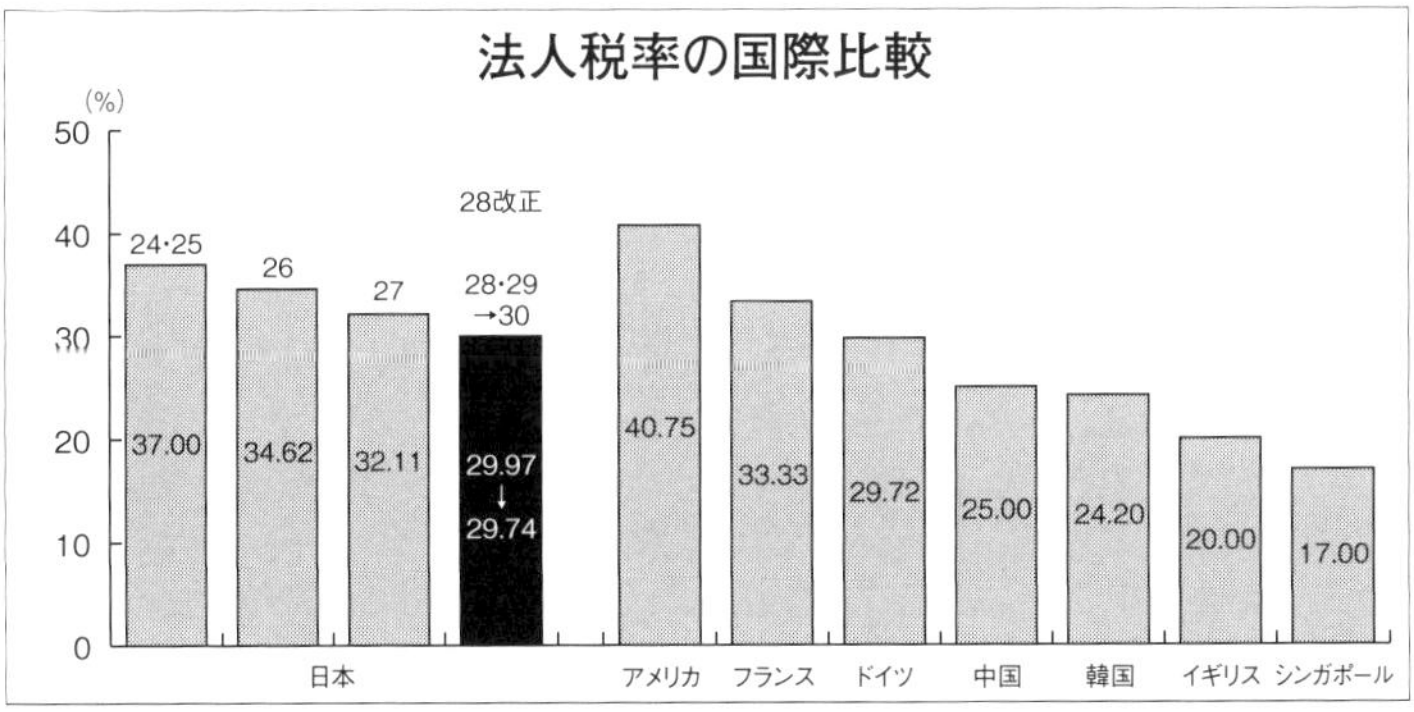

と思います。実際シンガポールは税金が安いです（図14）。こういうような形になってきて、税金をなぜ引き下げるのかというときに必ず出てくるのがグローバル化です。日本の法人税がほかの国より高いと企業が逃げていく。企業が逃げていくと我々の所得も下がるし、そもそも働き先が消えていく。だから、日本政府としては放置できないということで下げざるを得ないということになります。

安倍政権になってからもほぼ毎年引き下げられて、現在29・97％になっています。これは規模としてはドイツ並み

図15

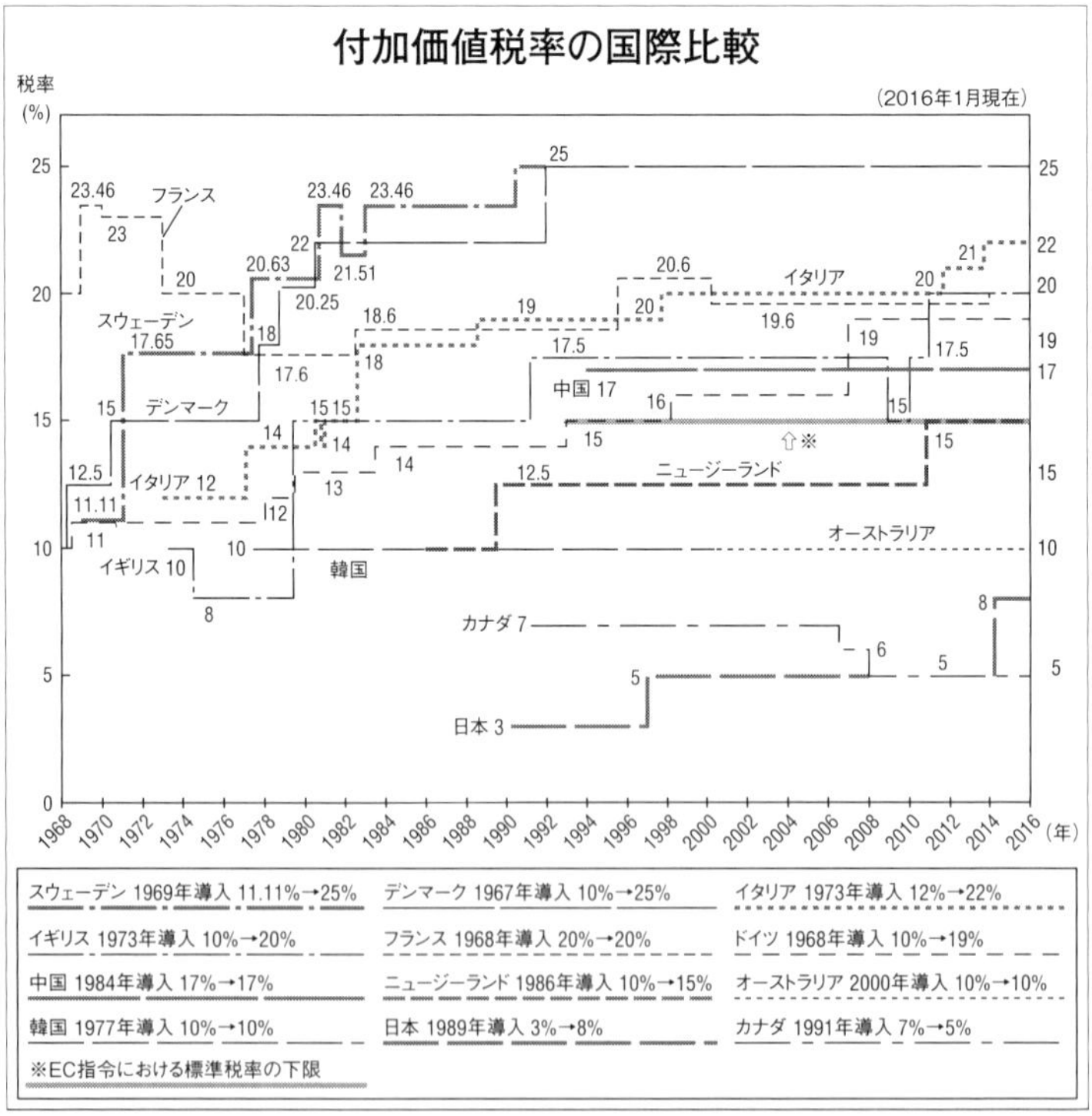

といわれていて、製造業が強い国で先進国ということでは、せめてここぐらいまでということです。ところが、議論として出てくるのは、あるいは経済産業省なんかから出てくる主張というのは、まだまだ足りない、日本はもっと下げるべきだといいます。日本企業は中国や韓国と競争しているんだ、24%とか25%を目指すべきだという議論も出てきます。先ほどのシンガポールなんかは17%です。アメリカはちょっと高いなと思っていたら、びっくりしたのは、トランプ政権が法人税改革をやりとげてしまいました。結構プロフェッショナルな方でも無理じゃないかといっていたわけですがやってしまいました。国税レベルではトランプ政権によって21%に激減して、今、日本よりも低い数字になっています。こういう形で国際的にも法人税を引き下げるというようなトレンドに今なってきています。

次に、付加価値税率の国際比較を見てみます（図15）。

付加価値税というのは、消費税です。消費税の税率は国際的にどうなっているのかですが、特にヨーロッパを中心に右肩上がりトレンドで来ています。法人税は下げるトレンドですが、消費税は上げるトレンドになっています。福祉国家のスウェーデンとデンマークは25%でほかを圧倒して高いですが、ヨーロッパはみんな軒並み高いです。日本が10%に上げたところで、ドイツ、イギリス、フランス、イタリアは倍か倍以上ありますから、日本の8%はまだ下のほうです。10%になったらようやく韓国、オーストラリアと同じになりますが、その上にニュージーランドがいて、さらに上にイギリス、ドイツがいて、さらにまだ上にスウェーデンがいる、このような状況になっています。

ですから、日本が福祉国家をつくっていく場合に、消費税という財源を引き上げることはやはり避けられないように思います。とはいえ、逆進的な消費税の問題はあるわけですから、所得税、法人税、資産課税（相続税・贈与税）に対する課税を総合的に考えることで、もてる人にそれなりの応分の負担をしていただく社会をつくっていかないといけない。だけど、政府が借金をしながら毎年の予算を組んでいる状況で、これは一見回っているように見えるけれども、結局は借金返済があるため政策に使えるお金が減っているわけですから、何らかの形でどこかで税金のことをしっかり考えて、負担をしつつ、でもそれが我々の社会に社会保障という形で返ってくるような仕組みをつくれるかどうかというところが今後問われてくるだろうと思います。

次に、法人税改革についてお話しします。

法人は、利潤を稼いだら税金を払うことになっていますが、実際には利潤を稼いでも払っていないということが頻繁にあります。そこにはいくつかの要因があります。普通に

図 16

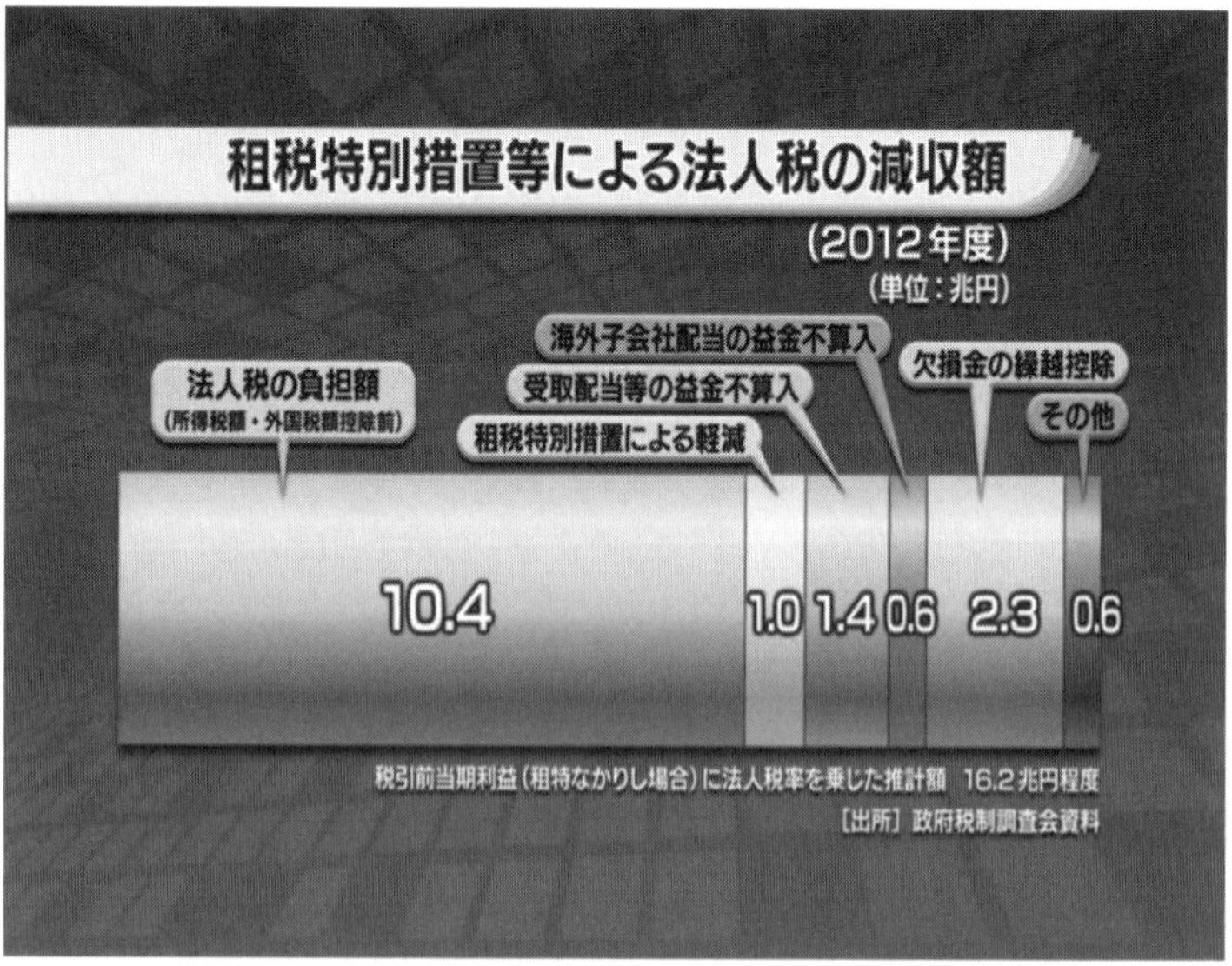

していれば利潤に対して税収がこれだけ入ってきたはずというのがこのグラフの左から右までの幅で、16・2兆円程度です。税引き前当期利益、例外措置がない場合に今の法人税率を乗じたらこれぐらいの税率が入ってくるはずなのですが、いくつかの理由でそれが抜けているということです（図16）。

一つは、欠損金繰越控除です。要は、赤字になった企業は法人税を払わなくていいということです。この定義は、利潤を稼いだら法人税を払う、赤字なら払わなくていいということです。ところが、すごく激しい赤字を食らった場合は法人税を払わなくていいのは当然ですが、企業からしたら、法人税を払わなくてよかった分以上にもっと赤字を食らってしまった、それを何とかしてくれと政府にいうわけです。政府はよっしゃといって、1年だけじゃなくて10年間赤字を法人税負担と相殺していいよといってしまったんです。これはリーマンショックのときです。リーマンショックのときに企業の業績ががんと悪化すると、その赤字をその後10年間にわたってずっと法人税の支払いと相殺できます。これが非常に大きくて、本来入ってくるはずの税収が政府に入ってこないわけです。

それから、海外子会社配当の益金不算入です。企業の多国籍化が進んでいまして、日本企業もどんどん海外に子会社をもつようになっています。ところが、日本の税制のマイナスとして、あるいは世界の体制がそうなんですけれども、子会社で稼いだ利潤を日本に戻してくるときに、ちゃんと所得税をかけないことになっているんです。益金不算入という難しい言葉ですが、要は配当です。海外子会社であるということは、日本の本社が株式をもっているわけですから、当然親会社は配当をもらわなければいけません。そういう形で現地子会社の利潤が本国に返ってきます。ということは、その配当課税は、さっきのやつでいうと少なくとも20％は税金をかけないといけないのに、かけないんです。

これらのことから法人税がぎゅっと圧縮しているということです。これもグローバル化を促進するみたいなことが背景にあって、海外に子会社をどんどんつくらせて、税金はかけないよというういい方を今しているわけです。

グローバル化と税制

何度か出てきたグローバル化と税制ということですけれども、この両者の関係で一体何が起きているのかということをもう少し詳しくお話ししていきたいと思います。

これは、個人所得税最高限界税率の国別の推移です（図17）。１９７５年の段階では結構高いところにあって、90％とか80％という今となっては信じられない高い税率を一番所得の高い人にかけている国が結構ありました。60％から70％あたりも結構あります。それが80年代ぐらいに下がってきて、今は最高でも60％です。一番多いのは40％から50％ぐらいの間に集中しています。だから、全体として所得税のフラット化というものが世界で進んでいるというのがよくわかります。

次が、法人税率の国別の推移です（図18）。これもすごく印象的で、右肩下がりになっているのは一目瞭然です。１９７９年、グローバル化が始まるあたりでは各国とも50％から60％ぐらいにいたわけですが、それが80年代、90年代を通して見事に落ちてきて、現在は20％から40％ぐらいの幅に入るようになってきています。全体的に20％ぐらい下がった感じですが、これはまだとまっていないです。日本も下げようとしているし、アメリカも下げたし、イギリスも最近下げました。やっぱりほかが下

図 17

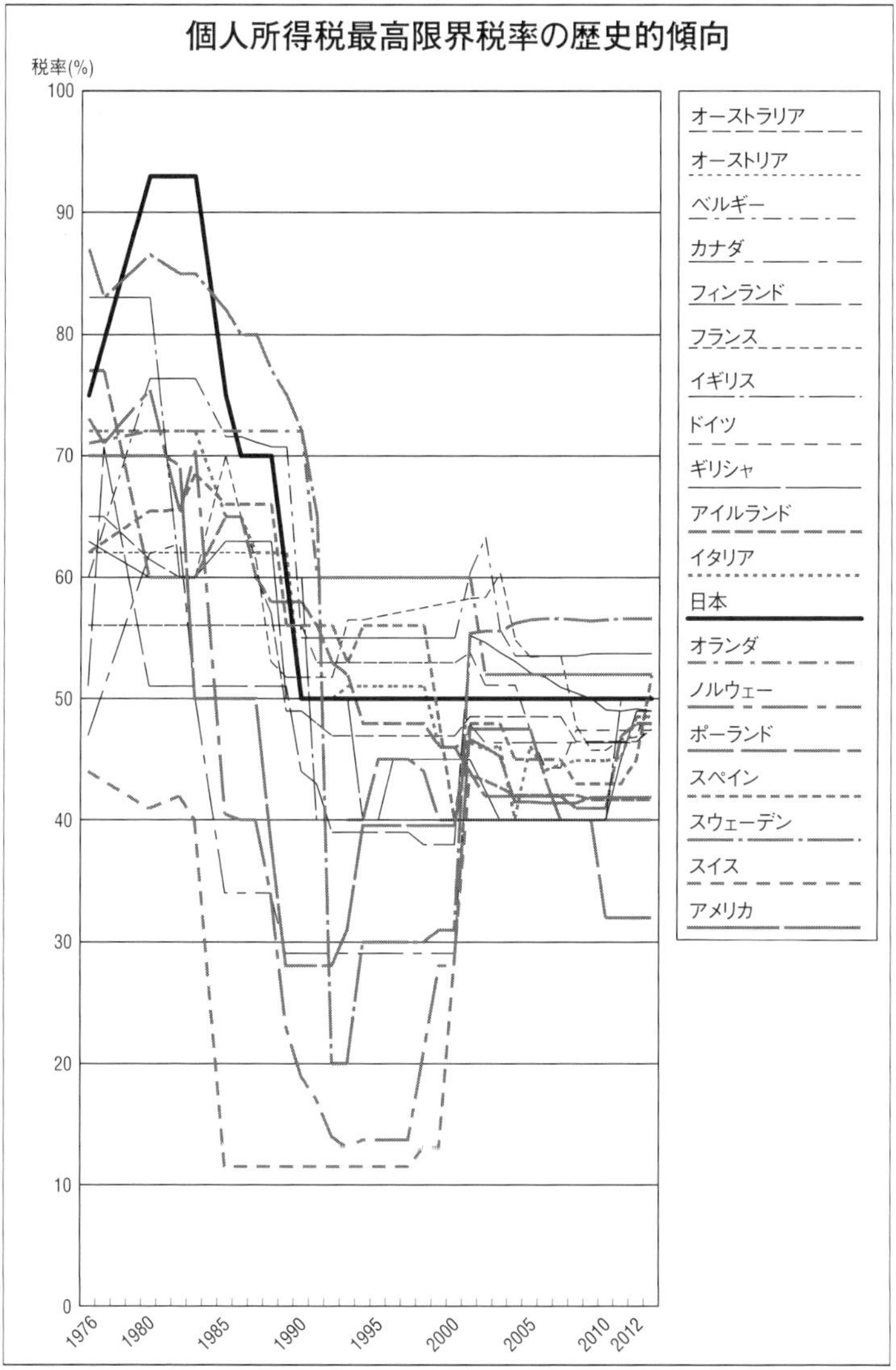

個人所得税最高限界税率の歴史的傾向
税率(%)
100
90
80
70
60
50
40
30
20
10
0
1976
1980
1985
1990
1995
2000
2005
2010
2012
オーストラリア
オーストリア
ベルギー
カナダ
フィンランド
フランス
イギリス
ドイツ
ギリシャ
アイルランド
イタリア
日本
オランダ
ノルウェー
ポーランド
スペイン
スウェーデン
スイス
アメリカ

図 18

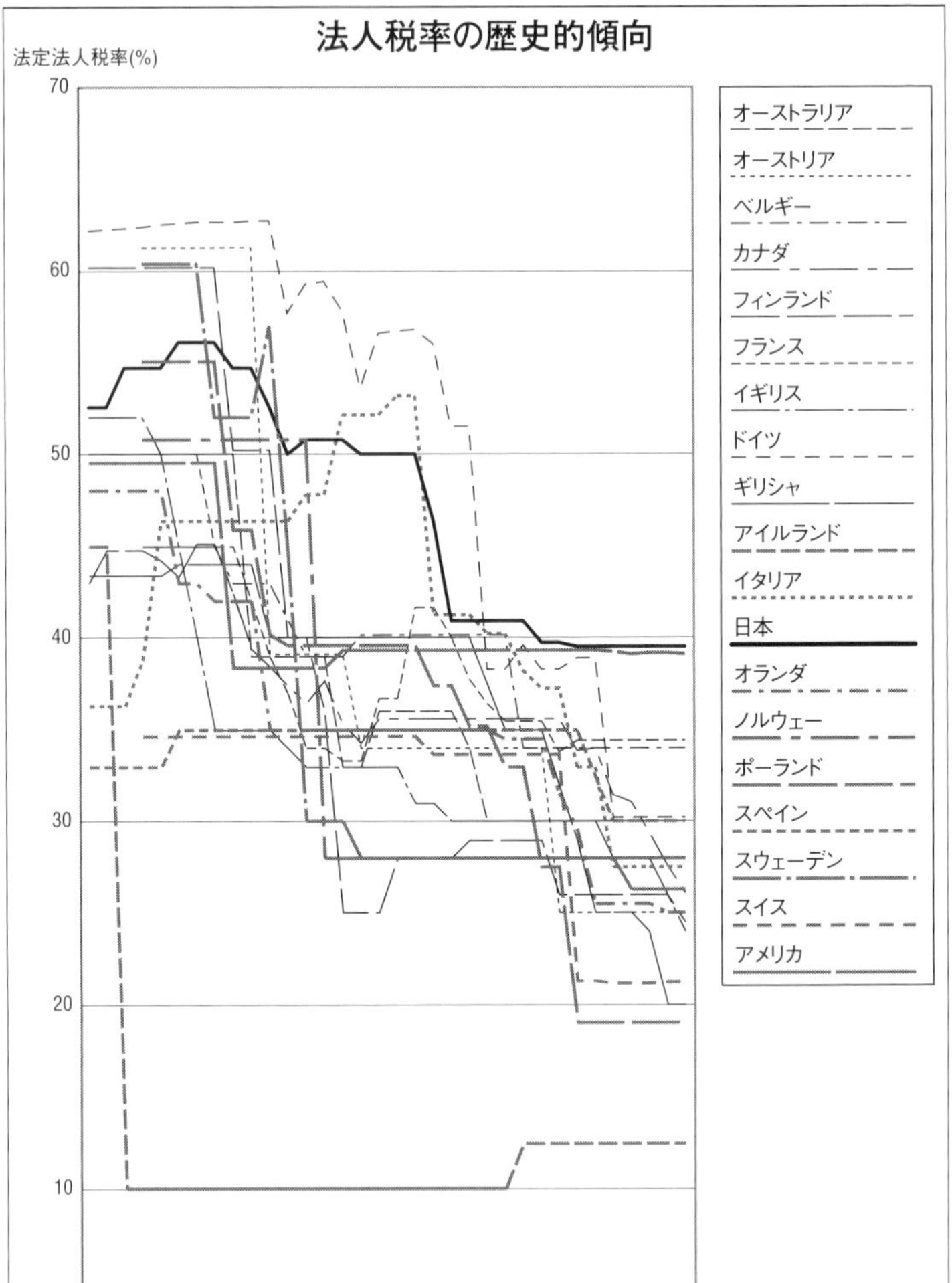
法人税率の歴史的傾向
法定法人税率(%)
70
60
50
40
30
20
10
0
1979
1981
1983
1985
1987
1989
1991
1993
1995
1997
1999
2001
2003
2005
2007
2009
2011
オーストラリア
オーストリア
ベルギー
カナダ
フィンランド
フランス
イギリス
ドイツ
ギリシャ
アイルランド
イタリア
日本
オランダ
ノルウェー
ポーランド
スペイン
スウェーデン
スイス
アメリカ

げると我が国が高くなってしまったじゃないかということでまた下げるのですが、こういうのをタックス・コンペティション（租税競争）といわれています。あるいは、別名レース・トゥ・ザ・ボトム（底辺への競争）といわれていまして、この競争を延々に続けると税金ゼロへ向かって奈落の底へ落ちていくという意味です。ということで、これを続けていると税収が上がらなくなって、結局、福祉国家どころではなくなってくるという心配も出てきます。でも、法人税についてはこのような動きがとまらないわけです。

特徴的なのはアイルランドです。アイルランドは、タックス・ヘイブン的な行動をしている国です。最近もスターバックスに対して非常に寛大に税金をまけて、すごい税収損失を出していますが、アイルランド政府はそれをオーケーしています。スターバックスに利益を供与しているんですね。何でスターバックスは税金を払わなくていいのかということですが、アイルランド政府は、欧州本社をアイルランドに置いてくれるなら税金は要らないというんです。つまり、欧州本社を置いてくれることによって知的な労働雇用がダブリンに発生する。昔からアイルランドというのは貧しくて、人口が大量流出してみんなアメリカ大陸へ渡っていました。ケネディ大統領も先祖はアイルランドだといわれています。それで昔から悩んでいたんです。それが税金を低くして、所得税、法人税を10％にすると、これはパラダイスだということになって、しかも英語が通じる、イギリス、ブリテン島のすぐ横で地理的にも欧州と一体になっているし、これはいいということでみんな続々と行く。そうすると、ほかの国も税金をまけ出してきているので、負けられないということで、表面は10％ですが、さらにいろいろなルールを入れてもっと低くしています。欧州委員会の発表では、２０１５年のスターバックスに対する税率は０・０００５％でした。限りなくゼロでほとんど払っていないんです。それぐらいアイルランドは手練手管でとにかくスターバックスを引き寄せる、あるいはアップルを引き寄せるみたいなことをやっています。これが租税競争の実態です。

その結果、税収はどうなっているのか。今レース・トゥ・ザ・ボトムということをいいましたが、意外なことに実はボトムには行ってないんです。ここがパラドクスでおもしろいところです。総税収の対ＧＤＰに占める税収の比率はむしろ上がっています。最近はちょっと下がってきていますけれども、ずっと上がっています。ただ、所得税はさすがに80年代から最高限界税率も落として下がってきています（図19）。

不思議だといわれてきたのが法人税収です。ほとんどフラットで、先ほどのような激しい

図19

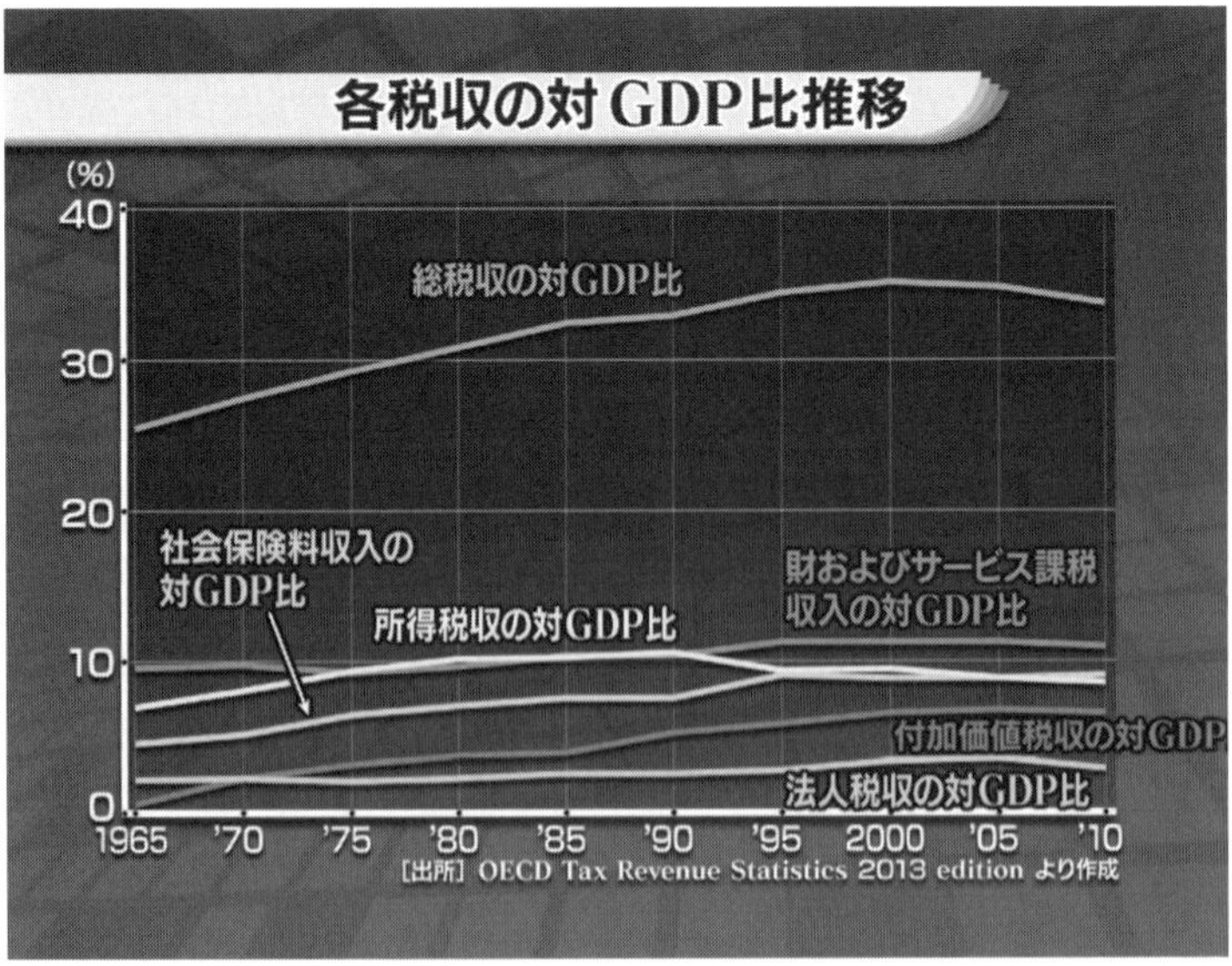

税率の引き下げにもかかわらず税収は下がっていません。これはなぜかということですが、1つは租税特別措置というか、税金をまけている特別ルールを開始してきたことによって、税率は下げたけれども、その横幅が広がったというか、税金をかける対象が広がったので税収はいうほど落ちなかったということです。でも、この時代は景気がよかったということもあったと思われます。この絵は2010年までなのでリーマンショックの影響がない時期ですが、最近日経新聞が記事を出しまして、もっと直近まで来るとやっぱり法人税収は下がってきています。だから、リーマンショックがあり、その後タックス・コンペティションがさらに進んで税収はやっぱり減っています。これは政府税制調査会のなかでも議論があって、法人税率をどんどん下げても全然恐れることはないよという先生もいらっしゃいます。どういう論理かというと、法人税率を下げたら企業がもうかる、企業がもうかると投資が活発になる、投資が活発になると利潤が増えてもうかるので結局税収は増える。だから、税率は下げたけど利潤が上がって税収が少なくともコンスタントに——どうですか、そうなりますかね。そんなうまい話があればどんどん税率を下げてあげたらいいんですけれども、日経新聞では、そうなっていませんよという記事です。というわけで、法人税収も下がっていくという可能性が出てきています。

こういうわけで、消費税以外は厳しい情勢でございます。なぜお金がないのかだいたいわかっていただいたかと思います。

グローバル・タックスとはなにか

今後の支出というお話をしたいのですが、その前に中間段階として、これは実現している税金ではなくて、将来こういう税金があればなということで、グローバル・タックスのお話をしておきます。

今いいましたように、グローバル化することで税金を取らなくなっている部分があります。どういうことかというと、税金というのは国家が取り立てるもので、税金の歴史は国家の歴史とほぼ同じです。近代的な意味での税金ができたときは、フランス革命とかアメリカの独立戦争とかイギリスの名誉革命が起きた時期とほぼ同じです。ということは、国家の管轄しているテリトリーのなかに対して税金をかけるということとほぼ同じで、それを課税主権と呼んでいました。ところが、今起きていることは、お金が国家の管理する場所を越えてあふれ出て海外に行ってしまっているということです。どこでも、行ったと思ったらまた戻ってくるという感じで行ったり来たりしていますから、どこの国も管理できない所得あるいは財産があります。これはいろいろなレポートを読んでいると如実です。つまり、この世界に管理されない場所なんてないはずで、世界地図を見たらわかるように、世界のどこかはどこかの国に属していると思われるかもしれません。地図上はそのとおりかもしれませんが、その地図上どこかのテリトリーに属しているということと、イコールちゃんとお金の管理ができているかというのは別問題です。今、世界で誰にもチェックされない財産が増えています。また、管理されないようにもっていくお仕事をされている専門家もたくさんいて、アメリカの有名な大学を出た非常に頭のいい方々がそういう職業に就いて、富裕層から物すごいお金をもらっているというビジネスが成立しています。

また、いわゆるタックス・ヘイブンなるものがなぜ成立するかというと、タックス・ヘイブンというところは産業があまりなかったりする地域なのでなかなかお金が来ない。だから、税金を安くしてお金が来るようにする。お金が来れば人も集まってきて情報も集まってきて、場合によってはそこで多少なりともビジネス、それは危ないビジネスだったりもしますが、そういうのが集まってきて産業と雇用が回ってきます。だから、税金はわずかであってもいいから、うちに産業と雇用が欲しいというところが税金を思い切りまけるというのがどうしても出てきてしまいます。

こうなると、今タックス・ヘイブンの議論で問題になっているのは守秘性ということです。富裕層や大企業が一番気にしているのは、タックス・ヘイブンにお金を置いて税金を免れていることがばれてしまうということです。それを出されちゃうと、メディアで騒がれて、あいつは脱税だという話になります。脱税はしたいけれどもばれたくないとなると、いかに秘密を守ることができるか、いかに顧客の秘密を守れるか、ここが勝負です。そこで、うちに預けてくれればどこにも漏れないままあなたの資産を増やして差し上げますということを売りにして近づいてくるというビジネスが世界で繁盛している状態です。これが成功している限りにおいては、国家はわからないです。しかし、時々ばれまして、たとえばパナマ文書とかそういうのが出てくると暴かれるんですが、もう静かになりましたよね。またどこかで再び復活しているはずです。

もちろんそれを見つけて課税するということをやらなければいけないけれども、そういう状態です。

こういうものに対してどうやったら課税できるのかということを考える領域があります。それがグローバル・タックス論です。

今、グローバルな世の中でも貧困削減ということが課題になっています。日本でもこの一連の講座で議論してきたように、貧困削減、格差縮小が課題ですが、世界的に見てもやはり同じように、特に発展途上国の貧困削減、初等教育の普及、衛生状態の改善、こういうことを何とか引き上げなければいけませんが、そのお金をどこからもってくるかという議論からグローバル・タックスということがいわれています。

お金の流れが秘匿されてしまうと、つかまえるのははっきりいって難しいです。国家が一々パナマまで出かけていって、法律事務所を全部暴いていくなんていうことは事実上無理ですから、そのかわりお金が出ていく瞬間に一律に課税するというアイデアがあります。ジェームス・トービンというノーベル経済学賞を受賞したイェール大学のプロフェッサーだったかたですが、すごくリベラルでケインズの経済思想を引き継いでいたかたが、国境を越える資本の流れに対して非常に低い税率で税金をかけたらいいんじゃないかと。それ自体は非常に低い税率なので、たとえばトヨタが車を外国に売って、その結果の販売代金をもらうみたいな取引なら本当にわずかな税率なので大したことはないです。ところが、投機的なお金とかマネーロンダリングという形で次々と国境を越えて税金を免れていく、あるいは秘匿されていくようなお金に対しては、ほんのわずかな税率であっても、何回も取引をしていると税金が累積していくので負担が重くなっていくわけです。こういう税金を入れていくことによって国際的な投機マネーやアンダーグラウンドのマネーを抑制できるという主張をしました。

これに対しては批判もあります。そんな税金をどうやって入れるのか。入れることはできるかもしれないけれども、租税を回避することもできるじゃないかと。たとえばニューヨーク証券取引市場で取引したら課税される。だけど、ロンドンあるいは東京で取引したら課税されないのなら、すぐお金をニューヨークから引き上げてロンドンなり東京に持っていって取引すれば済む話で、今のグローバル化の時代ならそれは簡単にできると。だから、世界一斉に入れるならともかく、ある1国だけなら意味がないよねという批判が当然あります。

ただ、国境を越えるお金の取引に課税しようという考え方が出てきていることは頭に置いていただきたいと思います。実は、EUがこの税金の考え方をもう既に法案にして、欧州全域で導入するということを法律的に決めています（EU金融取引税）。本当は今ごろもう導入されているはずだったんですが、すごい抵抗が起きまして、特に金融業界の抵抗が非常に激しくて実施できないままでいるという状況です。ただ、アイデアとしては法律になっているところがあるということです。

もう一つ、航空券に課税するというアイデアがあります。これはなるほどなという感じですが、実は2006年からフランスで「国際連帯税」という税金として既に導入されて10年以上たっています。これは、航空チケット発券する際に、エコノミークラスなら1ユーロ、ファーストクラスとビジネスクラスなら10ユーロという形で課税しますので、必ず漏れなく課税できます。旅行会社ないしは航空会社に網をかぶせておくと、発券する際に課税逃れはなかなかしがたい。ですから、これは特に問題なく今も続いています。

その税収は、途上国の貧困対策に使われています。特に感染症対策です。発展途上国でエイズなどに苦しむ方が先進国から薬を買おうとすると、非常に高額で買えないという問題があるので、ここに上がってくる税収をいったん基金に積んで、その基金のなかから、WHOの一部であるUNITAID（国際医薬品購入ファシリティー）が先進国から薬をまとめ買いをして、それで途上国に安く配布するということをやっています。これがグローバル・タックスと呼ばれるものです。

「社会的投資国家」とは？

さて、ここからは、使うほうはどうあるべきかということをお話ししていきたいと思います。「社会的投資国家」という言葉は聞いたことがない方がほとんどではないかと思います。スウェーデンでは「福祉国家」という言葉と並んで「社会的投資国家」という言葉が使われています。日本でも民主党政権のときに「コンクリートから人へ」といういい方がされたことがあります。これは民主党色が強いセリフになってしまっているので政治色がついていますが、でも発したメッセージは妥当なものだったのではないか、時代の転換をよくつかんだ言葉だったのではないかと思います。

どういうことかというと、戦後、経済が発展する上でコンクリートは非常に重要な役割を果たしてきたわけで、道路だったり橋だったりビルだったりコンクリートはあちこちに使われて、それが経済発展を支えてきたということです。ところが、今コンクリートは必要なのか。当然必要ですが、以前ほど重要ではなくなってきているわけです。それは経済の構造の変化がありまして、要はコンクリートより人が果たす役割が重要になってきているということです。資本主義といいますが、経済学的な専門用語で人間のことを「人的資本」といいます。人がいろいろな形で知恵やアイデアを出したり、「社会関係資本」という言葉も使いますが、人間と人間が取り結ぶ関係性のなかで生み出していくものの重要性が非常に大事になってきて、それは単に福祉とか社会保障という局面だけではなくて、経済の発展を促す上でも、昔のように港湾さえつくればとか工場さえもってくれば発展するという時代ではもうなくなっていきます（図20）。そういう時代だったらコンクリートは大事だったんですが、今、港湾を掘ったって、高速道路を持ってきたって別に発展しないです。

何が発展するか。たとえばエアビーアンドビーです。今、大阪にも物すごくいっぱい海外からインバウンドの宿泊客が来ていますけれども、すごくたくさんお客さんが来たらホテルは満室で宿泊料はがんがん上がっていくように思われますが、データでは下がってきています。

図20

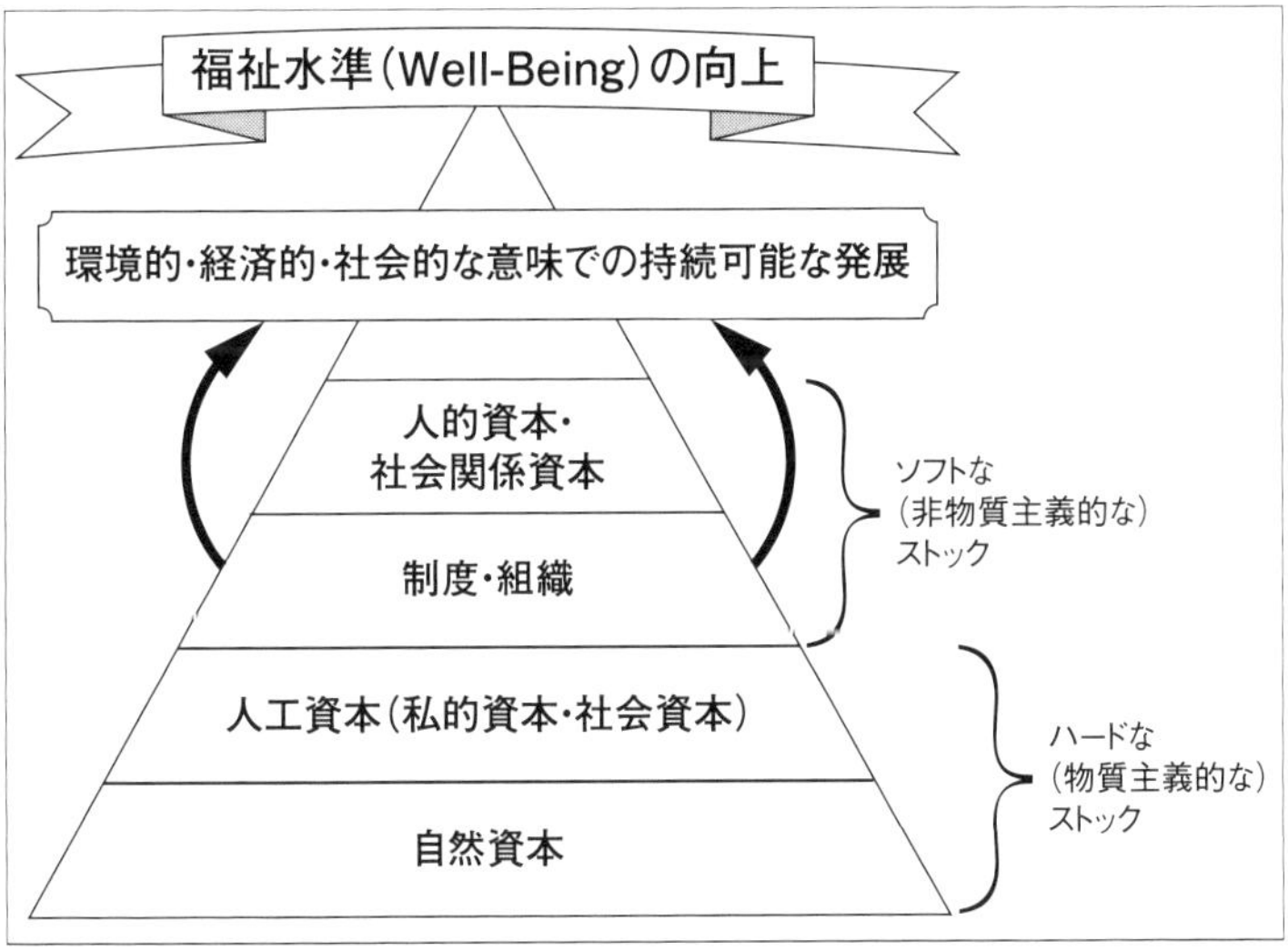

この押し下げ圧力は何なのかというとエアビーアンドビーで、要は民泊が物すごく増えてきて、安いからホテルに行かずにそっちに行くと。

何でエアビーアンドビーみたいなビジネスができるようになったかというと、もう物をつくらないんです。エアビーアンドビーは一切ものづくりをしません。普通なら、ホテルビジネスをやりますといったら、まずは土地確保、コンクリートを入れてビルをつくって、人を雇って宿泊サービスを提供しますが、エアビーアンドビーは、コンクリートも要らず、家に2部屋ほど空き室があるからもったいない、外国の方と交流するのが好きという場合に、その空いている部屋を貸そうかなという感じで考えている人と、ちょっとでも安く泊まりたいと思っている旅行者のニーズが合致するんですね。それだけだと物理的に出会わせるのは難しいので、いわゆるプラットフォームと呼ばれる電子空間上の場所をつくって、そこに民泊を探す人がアクセスして探せるような情報のサイトをつくって、貸すほうはそこに登録をすれば部屋を貸せるようになると。

これは、情報を分析してプラットフォームをつくって、ニーズのあるところ同士を出会わせる、ハード面は家や空き部屋など既にあるものを有効活用することによって新しいビジネスができることを示してくれました。それはアイデア勝負ですよね。結局人間が、この人の困っていることと、この人の困っていることを解決するというアイデアを出せば、あとは情報通信技術、いわゆるＩＴ技術を用いて大量のデータ分析をしながら、みんなこういう欲求をもっているな、じゃあこの問題を解決してあげよう、そしてそれがお金になっていく、こういう時代になってきているわけで、そういう意味では、ものづくりさえやればもうかるんだ、いいものをつくれば売れるんだという日本企業がだんだん下向きになってきているのはわかりますよね。そういう時代に変化しつつあるということです。

人々のほうも変わってきていて、若い人の自動車の所有欲が落ちてきているという話もあります。昔は、自動車というのは憧れの的で、それをもつこと自体がステータスで、お給料がもらえるようになったらいち早く自動車を買って彼女を横に乗せてみたいな話があったのが、最近は若い人のそういう意欲が消滅しているといわれています。

これをどう解釈するかです。もちろんスマホとかほかのことにお金が要るからということもありますが、世界的に注目されているのは、物質的に豊かな社会なので、別にさらに物をというふうに思わなくなってきたと。むしろ非物質的なもの、たとえば人々との連帯感とか新しい体験とか自分の経験や視野が広がるなど、これを非物質的な価値と呼んでいますが、消費者の側もそういうものにお金を出すようになってきているのではないかということです。

働く側も本当は変化をしてきているのに日本企業は相変わらずの感じでやっているんですけれども、世界的には変わってきています。グーグルが世界を席巻していて、皆さんも使っていると思います。グーグルというのは世界で最も自由な職場らしいです。オフィスの構造が全然違っていて、日本みたいに机をつき合わせて書類を積み上げて仕事をしているのではなく、リラックスした感じでやっていたり、年の労働時間のうちいくらかを海外に行って勉強とか学習とか新しいアイデアを発想するために使っていいと。だから、職場を離れていいということを認めていたりとか、とにかく今までの労働者という概念とは違う、つまりクリエイティブに働いてもらうということに意を尽くしているみたいです。

これは社会関係資本と人的資本のイメージ図です（図21）。人間が非常に大事になってきて、もちろん生活していく上で物は必要ですが、この結節点が人で、人と人を結ぶ関係性が非常に大事だということです。人的資本というのはこの結節点の点に当たって、社会関係というのはそれを結ぶネットワークであるということです。その間を満たすところは信頼とか互恵性と呼ばれるものです。互恵性というのは、信頼があって、誰々さんが自分に対していいことをしてくれたら自分もその人に対していいことをしてあげようという関係が成り立つようなことを意味します。この逆は、裏切りと不信の関係ということです。これは、経済成長にも全然違う影響を及ぼすというふうに研究でも明らかになっています。不信と裏切りが蔓延する社会というのは、やっぱり人々は協力できないし、銀行などの金融のことを別名「信用」と言いますけれども、これがない社会では安心してお金を貸すことすらできない。そうなると、どうしても経済的な萎縮をしていきます。

図21

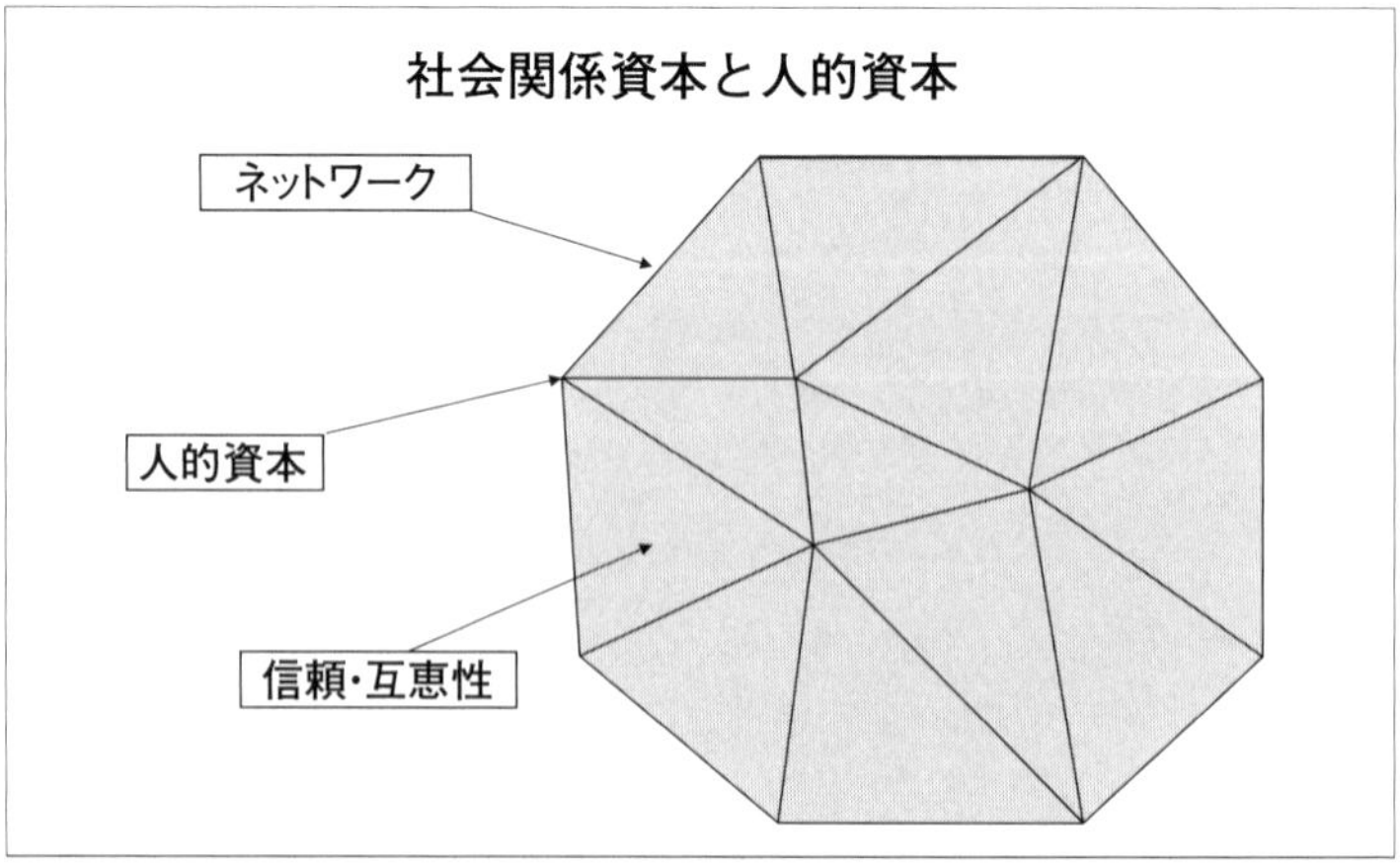

ですから、人的資本、社会関係資本みたいなことが経済成長との関係でますます注目されていくなかで、人間とか社会関係の構築を支援していくことが国家の役割ではないかというふうに理解が進んできています。

スウェーデンでは、それを「社会的投資国家」と呼んでいます。特に支出先としては教育、あと日本ではあまりやらないんですが職業訓練があります。労働者のスキルを上げるということを国家が支援していくわけです。この考え方は日本にあまりないですね。日本は、オン・ザ・ジョブ・トレーニングでスキルアップは企業に任されています。だけど、その企業のなかだけでしか通用しないスキルでは、結局会社が倒れたときに使い物にならないというのはいい過ぎですが、その会社だけですねということになってしまうわけです。もう少し普遍的な能力として国家がスキルをアップしていくような支援はできないのかという問題意識が出てきています。そういうことをずっと議論してきたのがスウェーデンです。

ここでは失業問題、貧困問題を経済学はどう考えてきたのかという事例を挙げていますが、今までの一番主流の考え方は「ケインジアン的解決」で、これはケインズという20世紀最大の経済学者の考え方です。ケインズ的解釈というのは、ケインズは、不況になったときは政府がお金をいっぱい支出して、典型的には公共投資ですけれども、事業を拡大して景気をよくして仕事を拡大するんだといいました。日本も何度もそういうことをやりました。

それから、「アングロ・サクソン的解決」、つまりアメリカ、イギリス的な解決です。金銭的インセンティブと就労の強固な結びつけといっていまして、働かざる者食うべからずということです。政策的にインセンティブを設計しています。ほかに失業給付をしますが、失業給付するからには訓練を受けて一定の期間を経たら必ず就職しなさいというふうに厳しくコントロールされます。

これとは対局の考え方がベーシック・インカムで、これは働かなくても給付を受けられる世界です。これはずっとアイデアが出てきていますし、最近では実験しているまちもありますが、ただ、これがなかなか難しいのは、お金をどこからもってくるのかということです。ベーシック・インカムの考え方は、金持ちとか関係なく全員一律にたとえば10万円もらえるというようなアイデアです。さすがに10万円をみんなに配るには結構なお金になりますので、それをどこからもってくるか。アイデアとしては、生活保護とか年金をいったん全部チャラにして、全員10万円にするということをすれば大丈夫なんだという人もいますが、そんなことをしていいのでしょうか。

それから、「北欧的解決」、北欧は一体どうしようとしているのかということですが、勤労者のスキルを上げて就労可能性を上げるような支援をしていく。その人が残念ながら就職できないときは、国家が失業給付で手厚く保護する。ただし、会社は保護しません。たとえば日本の経済産業省は、日本の企業が倒れそうになったときに支援の手を差し伸べて、何とか日本連合をつくって日本企業として生き残らせるようにします。シャープが破綻しそうになったときも、経済産業省は日本企業同士でくっつけようとしていましたが、結局それはやめて、ホンハイという台湾企業とくっついて今再生しています。スウェーデンでいうとボルボ、有名な自動車会社ですが、あれも破綻しましたがスウェーデン政府は救わなかったんです。結局、中国資本に買われたんですが、今見事に再生しています。スウェーデン政府のモットーは、労働者は救うけど企業は救わないということです。つまり、生産性が落ちてきてもう寿命の尽きた企業を救って労働者を無理やりそこで雇いなさいといっても、倒れている企業に頑張れといってもしようがない。だから、いったんその企業は倒産させて、しかし失業してしまった労働者は国家が失業給付をちゃんと付与して、その期間は職業訓練をやります。スキルを上げて次の再就職まで支援していきます。次の就職先というのは、より生産性の高い、あるいは収益性の高い企業です。

あらゆる企業に対して同一労働同一賃金――日本はちょっと違った意味で正規と非正規の間といわれますが、スウェーデン的理解では、その意味もありますけれども、収益性の高い企業でも収益性の低い企業でも同一労働に対して同一賃金を払うべきだという考え方です。そうすると、収益性の高い企業にとっては、賃金を払ってもなお手元に残る余剰が結構ありますが、収益性の低い企業は、賃金を払ったら赤になってしまう。ということは、成り立ち行かなくなって退出していかざるを得ない。ですから、ちょっと厳しい政策です。日本だと、こういう企業はちょっと大変じゃないか、給料は最低賃金ぎりぎり、下手すると最低賃金を割っているような企業を認めてあげようじゃないかという話になりがちですが、スウェーデンは許さんという話です。スウェーデンはこの賃金水準を徹底させる。これについてこられない企業は潰れるしかしようがない。これは経営者側に厳しい話です。でも、労働者にはこの賃金が担保されます。そのかわり、失業してしまった場合に、先ほどいいましたように職業訓練をやりまして、次のところに移ってもらうということをやっています。

ですから、統計を見ていただいたらわかりますが、スウェーデンは日本よりも成長率が高いです。なぜ成長率が高いのか、なぜ福祉国家なのか。かつては批判もありました。福祉国家は結局経済が破綻しますよ、消費税も高くて、25％なんて取ったらとんでもないですよと昔いってました。しかし、スウェーデンは一向に破綻しないです。それどころか、日本よりもずっと成長率は高いです。

その秘密は何なのかというと、たしかに手厚い福祉をやっていますけれども、先ほどのような結構厳しい政策をやっていて、常に生産性の高い企業、収益性の高い企業が生き残るようにもっていっています。企業にとっては極めて厳しい競争ですが、労働者は保護されている、このような特徴があります。日本はどうしても企業保護のほうが強く出てしまって、でも、結局保護した企業もだめですよね。半導体産業にしても何にしても全然競争ができていない。結局、そこも第2次、第3次の支援をせざるを得なくなってしまうということになります。

結局、人的資本に投資をするという考え方が非常に重要な考え方として打ち出されてきたわけでして、スウェーデン政府は、そういう意味ではいわゆるベーシック・インカムには賛成していないと思います。1人でも多くの人が職に就くことを通じて自ら稼げるという立場に立つために支援をすることを目標に置いていると思います。ベーシック・インカムについては意見をおもちの方もいらっしゃるかもしれませんけれども、スウェーデン政府としては、公式的にはそういうことだと思います。

また、ＥＵでは、社会的投資国家という考え方は各国レベルだけじゃなくてＥＵのレベルでもすごく大切にされていまして、ＥＵの財政を見ると非常に大きな割合で今申し上げましたような人的資本とか労働市場とか労働者の能力開発に予算がつけられていて、ちゃんと支援しているということが非常によくわかります。

今日お話ししてきたことは、確かに貧困、格差の問題をどう解決するかということですけれども、同時に労働者に対してきちんと職に就いてもらうということ、しかしどうしても職に就けない場合は、日本でいう生活保護とか失業手当というセーフティネットをつくることはもちろんですが、なるべく1人でも多くの人が職に就けるように国家としてどうやって支援するかということにすごく力を注いできているし、それにお金を使っているということが日本とスウェーデンの違いです。職に就ければ稼げますから、貧困から脱却するチャンスがより大きくなってくるということでもあります。このあたり、日本の行き先ということについて非常に示唆的かと思いますので、あえて時間を割いて紹介させていただきました。

あとがき

大阪弁護士会では、２００９年から２０１１年にかけて開催した「貧困問題連続市民講座」が終了して以降も、市民講座に参加していただいた貧困問題に関心のある市民の皆さんたちと定期的な懇談会を開催して、貧困問題に関する取り組みの情報交換などを行ってきました。そこには、奨学金に悩む現役の大学生らも参加してくれていました。懇談会のなかで、あらためて、貧困問題の全体状況について、勉強する機会を持ってはどうかとのご意見があり、「貧困問題連続市民講座リターンズ」を企画することになりました。

全6回にわたった「貧困問題連続市民講座リターンズ」には、各回ともにその分野における第一人者である講師をお招きすることができ、毎回１００名以上の方々にご参加いただきました。講師の皆様、そして参加者の皆様に、この場を借りてあらためて御礼を申し上げます。

講演のあとの質疑応答の時間には、参加者から貴重なご意見・ご質問もいただき、それに対する講師からの応答によって、会場全体でより理解を深めることができました。また、毎回のアンケートにも、多くのご感想等をいただきました。そのうちの一部をご紹介いたします。

「日本の貧困の実態がよくわかりました。現状がどうなっているのかがわからなければ、適切な対処等について検討することもできないので、大変ためになりました」（第1回）

「貧困の問題は、『どうしたら自分だけ陥らずに済むか』、『どうしたら自分だけ抜け出せるか』を考えてもだめですよね、自分が悪いわけではない。状況を改善してみんなで良くならないと。今日の講座でその確信が強まりました」（第2回）
「痛ましい事件が各地で起こっていることを知りました。適切な住まいは当たり前の権利であること、保障の必要性がもっと広く周知されなければならないと思いました」（第3回）
「支援すべきかどうかを私たちが決めるのではないという指摘は、まさにそのとおりだと思います。どんな子どもでも、同じように夢と希望をもって楽しく生きていけるような社会になってほしいと思います」（第4回）
「縦割りになりがちな役所の中で、各課の連携について具体的な取り組みをされていることがよくわかりました。自治体がやる気になれば、ここまでやれるのかと感激しました」（第5回）
「税金に関して知識がなかったのですが、国の財政について少しは理解できたように思います。いまの日本の税制ではますます格差が広がるように感じます。グローバル化の中でもっと考えて他の国も参考にして税制に取り組んでほしいと考えます」（第6回）
「貧困問題連続市民講座リターンズ」にご参加いただいた方々のみならず、本書を手にとっていただいた皆様にとって、貧困問題を考えるきっかけとなり、さらには、貧困を生み出さない社会を実現するために、声を上げ、力を合わせていく契機となることを願っております。大阪弁護士会としても、引き続き、貧困問題の解決のために取り組んでいきたいと思います。
最後になりましたが、『貧困問題がわかる』シリーズに引き続いて、今回も書籍化にご尽力いただきました明石書店編集部部長の神野斉さんと編集者の黒田貴史さんに深く感謝申し上げます。

大阪弁護士会　貧困・生活再建問題対策本部

■本書の内容は、「貧困問題連続市民講座リターンズ」の以下の講座をベースとして、大幅に加筆修正を加えたものです。

第1章「こんな社会に誰がした？──一億総「最底辺」社会」
２０１７年8月9日

第2章「もう奨学金なんて借りたくない！」
２０１７年10月３日

第3章「住むことだって、大変だ──住まいの貧困（ハウジングプア）を考える」
２０１７年11月１日

第4章「『子どもの貧困』を考える」
２０１８年2月６日

第5章「生活に困った市民に行政はなにができるのか──基礎自治体だからこそ取り組めること」
２０１８年5月11日

第6章「格差と貧困に財政はなにができるのか──諸外国の取り組みに学ぶ」
２０１８年6月11日

貧困問題最前線
——いま、私たちに何ができるか

2018年 11月 30 日　初版第 1 刷発行

編　者　　大阪弁護士会
発行者　　大江道雅
発行所　　株式会社 明石書店
〒 101-0021 東京都千代田区外神田 6-9-5
電 話 03（5818）1171
FAX 03（5818）1174
振 替　00100-7-24505
http://www.akashi.co.jp/

装丁　明石書店デザイン室
組版　三冬社
印刷・製本　モリモト印刷株式会社

（定価はカバーに表示してあります）　ISBN978-4-7503-4758-5